Internet para la gente

Internet para la gente

La lucha por nuestro futuro digital

BEN TARNOFF

Traducción de
Alba Pagán

DEBATE

Papel certificado por el Forest Stewardship Council®

MIXTO
Papel | Apoyando la silvicultura responsable
FSC® C117695

Penguin Random House Grupo Editorial

Título original: *Internet for the People. The Fight for Our Digital Future*

Primera edición: febrero de 2025

Printed in Spain – Impreso en España

ISBN: 978-84-10214-25-5
Depósito legal: B-21.188-2024

Compuesto en Promograff - Promo 2016 Distribucions

Impreso en Black Print CPI Ibérica
Sant Andreu de la Barca (Barcelona)

C 2 1 4 2 5 5

Para Zoe, Josephine y Moira

Índice

Prólogo. Entre anguilas 11

PRIMERA PARTE
Los conductos

1. Una historia popular de internet 21
2. El saqueo continúa 41
3. Los conductos de las personas 55
4. Desde abajo 73

SEGUNDA PARTE
Las plataformas

5. Arriba del montón 85
6. Centros comerciales virtuales. 99
7. Imperios elásticos 111
8. Depredadores inclusivos 137
9. Hacia el bosque 159

Conclusión. Nostalgia del futuro 183
Agradecimientos 189
Notas 191
Índice alfabético 239

Prólogo

Entre anguilas

En el fondo del océano hay una manguera llena de vidrio. La vida en estas profundidades no es fácil. La falta de luz impide la fotosíntesis. No hay plantas, el oxígeno escasea. Hay peces con ojos muy grandes y otros que brillan. Hay pulpos sin tinta y anguilas con bocas enormes. La única comida que tienen estas criaturas son las otras criaturas y los nutrientes del fondo marino. En este lugar inhóspito, a cientos de metros de la superficie, han conseguido crear un mundo.[1]

Puede que su mundo parezca extraño a simple vista, pero tiene similitudes con el nuestro. Esa manguera llena de vidrio es nuestra, nosotros la pusimos allí. Es un manojo de fibra óptica que transporta rayos de luz. Esos rayos son fragmentos de datos, codificados en forma de pulsos. Los fragmentos de datos son solicitudes de amistad en Facebook y transacciones financieras, directos de Twitch y análisis de datos de cadenas de suministro. Fluyen en un viaje de ida y vuelta a internet, regando los miles de millones de ordenadores que coordinan la economía global y, cada vez más, nuestra vida cotidiana. Aquí, entre anguilas, se encuentra una arteria importante de la era algorítmica.

Arterias como esta hay muchas. Atraviesan océanos y pasan por costas continentales, pero el nombre de esta es MAREA. Actualmente, es el cable de fibra óptica submarino de mayor capacidad del mundo. Es propiedad de Microsoft, Facebook y una filial de Telefónica, que le alquila una parte de su capacidad a Amazon.

El cable alcanza una profundidad de más de dos mil metros y se extiende a lo largo de más de seis mil kilómetros. Atraviesa el Atlántico, desde un barrio periférico de Bilbao hasta Virginia Beach, en Estados Unidos. Los extremos que salen del agua parecen una serpiente emergiendo del mar.[2]

MAREA es un recordatorio de que internet es corpóreo. Su cuerpo está hecho de vidrio, cobre, silicona y miles de otros componentes que deben extraerse de la tierra y soldarse hasta conseguir formas útiles. Para fabricarlo se necesitan importantes cantidades de trabajo y energía. Los cuerpos son materia; también son historia. Si bien internet no es un lugar hecho de simple espíritu —una «civilización de la Mente», como lo llamó una vez el ciberlibertario John Perry Barlow—,[3] tampoco es un lugar que el pasado haya dejado intacto. Está imbricado en la historia, a menudo de formas bastantes literales.

Una de ellas es la infraestructura. Según la académica Nicole Starosielski, los cables submarinos como MAREA suelen seguir «los trazos de antiguos sistemas».[4] La instalación de cables submarinos es costosa, y es más seguro seguir caminos ya trazados que iniciar nuevos.[5] El resultado es que los cables de fibra óptica que recorren el fondo marino suelen seguir el mismo camino que sus ancestros análogos, las líneas telefónicas del siglo XX y las redes telegráficas del XIX.

Estas redes primitivas se construyeron y se utilizaron para fines específicos. Las redes telegráficas permitieron a los británicos supervisar y proteger sus territorios coloniales. Las líneas telefónicas les sirvieron a los estadounidenses para librar la Guerra Fría y la guerra a secas en Vietnam. Ambas redes fueron indispensables para la expansión capitalista y la globalización, permitieron la creación de mercados, la extracción de recursos, la división y la distribución del trabajo. Como explica Starosielski, también estuvieron determinadas por patrones anteriores ligados al imperio y al capital. Sus cables seguían las rutas marítimas inauguradas en los siglos precedentes, rutas que aceleraron la circulación de materias como el algodón, la plata, las especias, los colonos y los esclavos.[6]

La conectividad nunca es neutral. El auge de las redes estuvo guiado por el deseo de poder y de beneficios. No servían solo como conductos para transportar información, sino también como mecanismos para instaurar relaciones de control. Aunque internet sea más sofisticado que sus predecesores, sigue la tradición que estos iniciaron, de manera que no solo es materia e historia, sino también política. Los hilos de vidrio sumergidos que conectan las masas de tierra son venas, por tomarle prestada la metáfora a Eduardo Galeano.[7] A través de ellas se extrae y se concentra la riqueza, se dominan y se expolian comunidades.

Esto no debería sumirnos en la desesperanza. Al contrario, un internet corpóreo, imbricado en el pasado y en la política, es también un internet creado por personas. Está impregnado de las luchas a través de las cuales los humanos crean un mundo social. El «progreso», la «tecnología» o alguna otra lógica inevitable del desarrollo no dictaron su forma actual. Lo que nos ha traído hasta donde estamos son elecciones precisas. Tenemos la capacidad, colectivamente, de elegir algo diferente.

Fallo de mercado

En la superficie terrestre, donde los datos emergen de las profundidades para llegar a su destino, las personas se preocupan por internet. Se preocupan por las *fake news*, la vigilancia, la censura, el racismo y muchas otras cuestiones. La preocupación de que la conectividad que MAREA y los demás hilos de vidrio alrededor del planeta proveen hace que el mundo sea no solo más pequeño, sino también peor.

Desde 2016 ha ido cristalizando un sentimiento de desconfianza hacia las grandes empresas tecnológicas que dominan internet. Este fenómeno se conoce como *techlash*, u «oposición a la tecnología», y es un tema recurrente en la política y los medios de comunicación estadounidenses. La creencia de que internet está estropeado se ha vuelto una idea de sentido común. El desbarajuste de internet es objeto de audiencias en el Congreso y de artículos de investigación de *The New York Times*, de órdenes ejecutivas y de documentales de gran difusión. Es un tema que consigue poner de acuerdo a casi todo el mundo en un panorama político fracturado.

Si internet está malogrado, ¿cómo lo arreglamos? Las respuestas que actualmente predominan entre los legisladores y los intelectuales estadounidenses suelen orbitar alrededor de un par de temas principales. Los reformadores de internet actuales evocan el poder monopolístico y la falta de regulación. Afirman que las empresas tecnológicas son demasiado grandes y carecen de limitaciones estatales. Quieren que haya más competencia en los mercados, que las empresas estén más reguladas.

Los reformadores de internet tienen buenas ideas, pero no consiguen llegar a la raíz del problema, que es más sencilla de lo que parece: internet está estropeado porque es un negocio. Por mucho que las cuestiones que se quieren tratar sean variadas y complejas, son indisociables del hecho de que internet es propiedad de empresas privadas que lo utilizan para obtener beneficios económicos. Y un internet lucrativo no puede garantizar a las personas aquello que necesitan para llevar una vida en la que poder elegir libremente. Es un internet en el que las personas no pueden acceder a la toma de decisiones que les afectan, en el que los beneficios van a parar a unos pocos y los riesgos los asume la mayoría. En otras palabras, es internet tal y como lo conocemos en la actualidad.

Internet no siempre ha existido tal y como es hoy. Hubo que crearlo. Este libro habla de esa creación y de lo que podemos hacer para cambiarlo. Se centra en Estados Unidos, lo cual es a la vez un enfoque un tanto provinciano, ya que el 93 por ciento de los usuarios de internet viven fuera de este país,[8] y razonable, ya que las instituciones estadounidenses ocupan y han ocupado un lugar central en la existencia de internet. En particular, este libro trata de la privatización de internet, ya que este proceso creó el internet moderno. También es el proceso que inició las crisis que provocaron el *techlash*.

Dentro del montón

Internet dio sus primeros pasos en los años setenta como un experimento tecnológico impulsado por investigadores militares de Estados Unidos. En los ochenta se transformó en una red informática estatal cuyos principales usuarios eran académicos. Más tarde, en los noventa, empezó la privatización. Esta fue progresiva, no ocurrió en un día, no consistió en un simple traspaso de propiedad del sector público al privado, sino en un movimiento mucho más complejo mediante el cual las empresas programaron el ánimo de lucro en todos y cada uno de los niveles de la red. Un sistema que había sido construido por científicos fue renovado para maximizar los beneficios. Para ello fueron necesarios hardware, software, legislación y emprendedores. Hicieron falta décadas. Y afectó a todas y cada una de las numerosas piezas de internet.

Estas piezas no encajan especialmente bien. La mayor parte de la infraestructura en la que se basa nuestra vida cotidiana se visualiza fácilmente —una autovía o una central eléctrica—, pero internet es demasiado vasto para reducirlo a un solo encuadre, no existen las imágenes a vista de pájaro. Por eso son importantes las metáforas. Hay cosas que son tan pequeñas que solo se ven al microscopio y otras tan grandes que hacen falta metáforas. Y una metáfora particularmente útil para pensar internet, y que ha servido de guía desde el principio a los que lo construyeron, es la del montón.

Un montón es un conjunto de capas apiladas unas encima de otras. Imagina una casa: están el sótano, la planta baja, el primer piso, el segundo piso, etcétera, hasta el tejado. Las cosas que construyes hacia arriba en una casa dependen de los sistemas que están en la base. Si te duchas, un calentador en el sótano calienta el agua fría que llega por una tubería y la conduce hasta el baño.

Internet también tiene un sótano, y en este asimismo hay conductos. Algunos, como MAREA, transportan datos a través del océano; la mayoría los transportan a distancias más cortas. Hay muchos tipos de conductos, de una longitud y complejidad variadas. Todo lo que haces en el montón depende de que los conductos funcionen. En la parte superior se alojan las páginas web y las aplicaciones. Ahí es donde entramos en contacto con internet, a través de los píxeles de nuestra pantalla, en los correos, los tuits o los vídeos en directo.

El proceso de privatización se inició en el sótano de internet, con los conductos. En los años noventa, el Gobierno estadounidense le concedió al sector privado una red que había sido creada mediante un enorme gasto público. Las empresas se hicieron con la infraestructura física de internet y se lucraron vendiendo el acceso a este. Pero la privatización no acabó ahí; la mayor parte del dinero no se obtenía en la venta del acceso, sino en la monetización de la actividad, en lo que las personas hacían una vez conectadas. De manera que la privatización ascendió a las plantas de arriba, a las capas donde se entra en contacto con internet. Ahí fue donde surgieron las llamadas «plataformas» en las dos primeras décadas del siglo XXI, Google, Amazon, Uber y las demás. Esos imperios culminaron lo que se había iniciado en los años noventa. Empujaron la privatización hasta la parte más alta del montón. El afán de lucro llegó a organizar no solo la fontanería del subsuelo, sino todos los aspectos de la vida conectada.

Nuevos derroteros

Este libro no es un manifiesto en el sentido tradicional. No es especialmente programático, aunque contiene propuestas. Es más bien un manifiesto en el sentido de que trata de manifestar algo que hasta ahora no ha sido muy visible, la historia de la privatización de internet.

Entender este relato, y entenderlo como un relato único, permite explicar los orígenes del internet moderno y sus crisis. El *techlash* no es sino un tardío ajuste de cuentas con los legados de la privatización. Con todo, si sus críticas se quedan ancladas en los síntomas y no consiguen entender la causa subyacente, no darán lugar a cambios significativos.

Entender el relato de la privatización también nos permite ver cómo problemas que parecen independientes están en realidad conectados; cómo las grandes desigualdades en el acceso a la banda ancha y la proliferación de propaganda derechista en las redes sociales son, en realidad, dos momentos de un mismo movimiento. Además, nos permite identificar el origen de estos problemas. La privatización tiene una historia, y todo lo que tiene una historia puede tener un fin.

Para construir un internet mejor es necesario cambiar quién lo posee y cómo se organiza. No con la intención de que los mercados funcionen mejor, sino de que tengan menos poder. No para crear una versión más competitiva o más reglamentada de la privatización, sino para revertirla.

La desprivatización aspira a la creación de un internet gobernado por las personas, no por el dinero. Esto suena a cántico de protesta, pero es literalmente lo que quiero decir. Las personas cuyas vidas se ven más afectadas por una decisión particular deberían ser las que más voz tuviesen. Sin embargo, mientras internet esté controlado por empresas que le dan prioridad al lucro para poder sobrevivir —ya que sin beneficio, o la promesa de este, no hay empresa—, este tipo de toma de decisiones democrática no puede tener lugar. Un grupo reducido de ejecutivos e inversores seguirán tomando decisiones en nombre de todos los demás, decisiones que continuarán sujetas a las exigencias del mercado. Un internet democrático debería regirse por otro tipo de exigencias, las que nacen del deseo de las personas de elegir libremente. Para satisfacer esas exigencias es necesario, entre otras cosas, tomar un control colectivo de los espacios en línea donde cada vez más tiene lugar nuestra vida en común.

Este libro propone nuevos derroteros para conseguirlo. Es un llamamiento a que se reduzca el espacio del mercado y a que se disminuya el poder del ánimo de lucro. Exige el desarrollo de modelos de propiedad públicos y cooperativos que integren los principios de la gobernanza colectiva y la participación popular. Pero, a causa de la escala y la complejidad de internet, no hay una solución milagrosa para crear un futuro digital democrático. Sería necesario mucha experimentación y crear nuevas estructuras que permitieran llevar a cabo esos experimentos. El resultado de estos no se puede conocer de antemano, por lo que las propuestas de las páginas que siguen son forzosamente provisionales. Los contornos precisos de un internet democrático solo se pueden descubrir mediante un proceso democrático, cuando las personas se unan para construir el mundo que quieren.

Estos descubrimientos pueden beber de una abundante fuente de sabiduría. Muchos académicos y coordinadores han investigado en profundidad la injusticia digital, y muchas comunidades han adquirido un conocimiento valioso sobre el tema gracias a su propia experiencia. Sin embargo, quedarán preguntas por contestar: cómo acabar con el racismo algorítmico, por ejemplo, o cuál es la mejor manera de moderar los contenidos. Liberar internet del yugo del ánimo de lucro no hará que estas preguntas se desvanezcan, pero ayudará a crear las condiciones para encontrar las respuestas.

Primera parte

Los conductos

1

Una historia popular de internet

El 22 de noviembre de 1977, una furgoneta recorría la autopista entre San Francisco y San José. Era cuadrangular y gris, de las que se usan para hacer repartos. De lejos no tenía nada de extraordinario; era uno más de los incontables vehículos que recorren de arriba abajo la península bajo la lluvia. Pero si mirabas de cerca veías algo que se salía de lo normal: dos antenas grandes pegadas al techo. Esta era la primera pista. Si prestabas aún más atención, quizá vieses algo más a través de las lunas traseras: a una persona delante de un ordenador. De hecho, toda la parte de atrás de la furgoneta estaba llena de componentes electrónicos.[1] Parecía el interior de un laboratorio de investigación, como los que había en los parques de oficinas con jardines bien cuidados de los alrededores, un lugar tan lleno de empresas de semiconductores que se había ganado el nombre de Silicon Valley.[2]

Pero lo que hacía que esta furgoneta fuese especial no era visible, por mucho que te acercases. Solo era un nódulo de una red. No una red aislada, sino una red de redes; una *inter-network*, una interred, que era inmensa. Se extendía por la tierra, el mar, el aire y el espacio, y unía ordenadores de todo el mundo.

El primer ordenador estaba instalado en la parte trasera de la furgoneta. Transformaba las palabras que alguien escribía en el terminal en trozos discontinuos de datos llamados «paquetes». Estos paquetes se codificaban como ondas de radio y se transmitían desde las antenas de la furgoneta hacia repetidores instalados en las cimas de montañas colindantes, que las amplificaban. Gracias a este empujón, podían llegar hasta Menlo Park, donde las recibía un edificio de oficinas.[3]

En Menlo Park, los paquetes se sometían a una sutil metamorfosis. Mudaban su etérea piel de ondas de radio y adquirían una forma nueva: señales eléctricas en líneas telefónicas de cobre. Luego se aventuraban a un largo viaje en el que pasaban por esas líneas hasta llegar a la costa Este antes de surcar vía satélite el océano Atlántico.[4]

Los paquetes aterrizaban en una instalación de las afueras de Oslo. Desde allí llegaban a Londres y después a la costa sudoeste de Inglaterra. La instalación de este tipo más grande del mundo era por entonces la Estación Satelital Terrestre de Goonhilly, un conglomerado de antenas parabólicas rodeadas de pantanos y ciénagas en Cornualles. Allí los paquetes volvían a despegar. Una antena los lanzaba a más de treinta kilómetros en el espacio, donde rebotaban en un satélite en órbita y saltaban de nuevo a la tierra, aterrizando al otro lado del Atlántico, en un estrecho valle que atravesaba las colinas boscosas de los montes de Alleghenies, hasta llegar a la Estación Terrestre de Etam, en Virginia Occidental.[5]

Etam no estaba lejos del lugar donde tuvo lugar la primera escaramuza de la guerra de Secesión.[6] El joven Ambrose Bierce había luchado en aquella batalla, y más tarde hablaría de la región como «una tierra hechizada», inundada de una densa fragancia de abetos y pinos, habitada por jabalíes que se dieron un festín con los cadáveres de sus compañeros del ejército de la Unión.[7]

Los paquetes volvían allí a unas líneas fijas. Continuaban hacia el nordeste, hasta una oficina situada en un antiguo almacén de la parte oeste de Cambridge, Massachusetts, antes de volver a atravesar el país de vuelta a Los Ángeles. Este era el final de su viaje, un complejo con vistas a las palmeras y los yates de Marina del Rey, a solo seiscientos kilómetros al sur de la furgoneta donde se habían originado.[8]

Los paquetes no conocían de antemano su itinerario, pero sí su destino, que estaba inscrito en cada uno de ellos, como la dirección en un sobre. Cada vez que un paquete pasaba de una red a la siguiente, un ordenador llamado «puerta de enlace» o «pasarela» examinaba la dirección y enviaba el paquete a la siguiente parada. Esta operación se repetía hasta que los datos llegaban a Marina del Rey. Allí, el ordenador de destino mandaba una nota al ordenador de la furgoneta informándole de que el paquete había llegado; si no recibía esta información, el ordenador volvía a mandarlo. Al final, cuando todos los paquetes habían acabado el viaje, la máquina de Marina del Rey los reunía y mostraba el mensaje que contenían.

¿Qué encerraban los paquetes? ¿Cuáles eran los mensajes? Nadie se acuerda, no importa. Lo importante no es lo que se decía, sino cómo se decía. Los paquetes habían hecho un viaje de ciento cincuenta mil kilómetros en apenas dos segundos.[9] Habían pasado por numerosas redes y medios —radio, satélite, líneas fijas— y llegado intactos a su destino. Los ordenadores de todo el mundo se habían puesto en contacto, se habían hablado y escuchado perfectamente, con la lengua universal de internet.

El nacimiento de una red

Internet es básicamente una lengua, una serie de reglas para que los ordenadores se comuniquen. Estas tienen que lograr un equilibrio delicado: por un lado, tienen que ser lo suficientemente estrictas para garantizar una transmisión de datos fiable; por el otro, tienen que ser lo suficientemente flexibles para adaptarse a diferentes formas de transmisión de datos. Unidas, estas reglas garantizan que los datos no solo vayan a cualquier lugar, sino que lleguen de una pieza.

Pensemos en el agua, por ejemplo; puede estar líquida, congelada o en estado gaseoso, pero es una composición química que no cambia. Esta flexibilidad es una característica del universo natural. El lenguaje de internet infunde una flexibilidad parecida a nuestro universo digital y convierte los datos en algo que puede pasar por cualquier aparato, red o medio; esta es la razón de que un smartphone que esté en São Paulo pueda descargar una canción de un servidor de Singapur.

Aquel día de 1977 se probó que este lenguaje funcionaba a gran escala. Se habían realizado experimentos antes, pero nunca tan complejos. Ponerlo en funcionamiento, y llegar al punto en el que se podía probar, requirió un esfuerzo colectivo colosal. Internet no lo inventó un genio solitario trasteando en un garaje, sino que fue el fruto del trabajo constante de creación de miles de individuos durante décadas. Fueron necesarias la colaboración, la transmisión de ideas y una lenta y gradual labor de construcción sobre antiguos avances para generar otros nuevos. También fue necesario mucho dinero público.[10]

La mayoría de la innovación de la que depende Silicon Valley es fruto de investigaciones financiadas por el Estado, por la simple razón de que el sector público puede permitirse correr riesgos y el sector privado no. El aislamiento de las leyes del mercado es precisamente lo que permite al Estado financiar el trabajo científico a largo plazo que acaba produciendo la mayoría de los inventos más lucrativos. Internet es un claro ejemplo de ello.

Internet era una idea tan incierta que solo podía ver la luz gracias a décadas de financiación y planificación públicas. Había que inventar la tecnología básica, construir la infraestructura, formar a los especialistas y dotar de empleados y de fondos a los contratistas, que en ocasiones eran empresas derivadas directamente de las agencias gubernamentales. A internet a veces se lo compara con un sistema de autopistas interestatales, ya que es un gran proyecto público. Pero, como señala el activista Nathan Newman, la comparación solo tiene sentido si el Estado «hubiese imaginado primero los coches, subvencionado la invención de la industria automovilística, fundado la tecnología del asfalto y el cemento, y construido todo el sistema inicial».[11]

La Guerra Fría sirvió de pretexto para este ambicioso proyecto. Nada abría mejor las arcas públicas controladas por los políticos estadounidenses que el miedo de quedarse a la zaga de la Unión Soviética. Este miedo se agudizó en 1957, cuando los soviéticos lanzaron el primer satélite al espacio. El lanzamiento del Sputnik provocó un sentimiento real de crisis entre la clase dirigente de Estados Unidos y condujo a un aumento sustancial de la financiación federal para la investigación.

Una de las consecuencias fue la creación de la Agencia de Proyectos de Investigación Avanzados (ARPA, por sus siglas en inglés), que más tarde cambiaría de nombre y pasaría a llamarse Agencia de Proyectos de Investigación de Defensa Avanzados (DARPA, por sus siglas en inglés). La DARPA se convirtió en la sección de I+D del Departamento de Defensa de Estados Unidos.[12]

A principios de los años sesenta, la DARPA empezó a invertir mucho dinero en informática y a instalar ordenadores centrales en universidades y otros centros de investigación donde trabajaba su comunidad de contratistas. Aun así, incluso para una agencia tan generosamente financiada como la DARPA, este gasto desmedido no era sostenible —en aquella época un ordenador costaba millones de dólares—, así que la DARPA encontró el modo más eficiente de compartir sus recursos computacionales entre los contratistas: construir una red.

Esta red era ARPANET, y sentó las bases de internet. Se conectó por primera vez en 1969 y vinculaba ordenadores con una tecnología experimental llamada «conmutación de paquetes» que rompía los mensajes en pedacitos, los mandaba por un laberinto de conmutadores y los volvía a ensamblar en el otro extremo. Este es el mecanismo que hoy en día mueve los datos a través de internet. En aquel entonces, la industria de las telecomunicaciones lo consideraba absurdo y poco práctico. Años antes, la fuerza aérea estadounidense había intentado convencer a AT&T de que construyera una red como esta, sin éxito.[13] La DARPA llegó incluso a ofrecerle ARPANET a AT&T cuando ya estaba en funcionamiento.[14] La agencia hubiese preferido comprar tiempo en la red en vez de gestionarla, pero cuando le dieron la oportunidad de adquirir la red computacional más sofisticada del mundo, AT&T la rechazó. Los directores ejecutivos no entendían cómo podrían ganar dinero con ella.

Por fortuna esto fue lo que ocurrió, y ARPANET prosperó en manos del Estado. El dominio público supuso dos ventajas para la red. La primera fue el dinero; la DARPA podía inyectar dinero en el sistema sin preocuparse por la rentabilidad. La agencia encargó investigaciones a los científicos computacionales con más talento del país, a una escala que hubiese resultado un suicidio para las empresas privadas. Igual de importante fue que la DARPA impuso una ética de código abierto que fomentaba la colaboración y la experimentación. Los contratistas que trabajaban para ARPANET tenían que compartir el código fuente de sus creaciones. Esta práctica impulsaba la creatividad científica, ya que investigadores de distintas instituciones podían perfeccionar y ampliar el trabajo de los demás sin temer la legislación en materia de propiedad intelectual.[15]

La innovación más importante fue el protocolo de internet, que apareció por primera vez a mediados de los años setenta. Al principio, el protocolo era una propuesta de comunicación entre ordenadores. La propuesta se implementó más tarde en software y se perfeccionó mediante varios experimentos. Esto permitió que ARPANET evolucionara a internet, ya que proporcionó una lengua común con la que redes diferentes podían hablar entre sí. La lengua sería abierta y sin dueños; un medio libre y universal, en vez de un amasijo de dialectos comerciales incompatibles.

Una lengua así nunca podría haberse creado bajo iniciativa privada. No solo los gastos habrían sido demasiado elevados, sino que la mera idea de un medio libre y universal iba a contracorriente del instinto comercial que encerraba a los usuarios en un ecosistema de propietarios. La invención de internet fue posible gracias a la ausencia del ánimo de lucro y a la gestión pública. Sin embargo, internet también serviría para reflejar los imperativos institucionales del organismo estatal que supervisó su creación, el ejército.

El ordenador central y el campo de batalla

Internet se creó para ganar dos guerras, aunque no se logró inmediatamente. Como grupo de investigación creativo, la DARPA tenía una gran libertad a la hora de elegir proyectos, pero todavía no había desarrollado tecnologías que un día podrían ser útiles para fines militares. Internet no era la excepción. Sus defensores dentro de la agencia argumentaron que valía la pena seguir desarrollando internet porque podría dar ventaja al ejército estadounidense. Esta ventaja se materializaría al sacar del laboratorio al poder informático y llevarlo al terreno.[16]

Imagina un jeep en la selva de Zaire o un B-52 a miles de pies sobre Vietnam. Luego imagina que son nódulos en una red inalámbrica conectada a otra red de ordenadores muy potentes ubicada a miles de kilómetros de allí. Es el sueño de un ejército conectado usando la informática para proyectar el poder estadounidense. Este es el sueño que produjo internet.

ARPANET fue un gran avance, pero tenía sus limitaciones: no era móvil. Los ordenadores de ARPANET eran gigantes comparados con los de hoy. Puede que funcionasen para los investigadores de la DARPA, que podían sentarse delante de un terminal en Cambridge o en Menlo Park, pero no eran muy útiles para los soldados que se adentraban en territorio enemigo. Para que ARPANET les sirviese a las fuerzas armadas sobre el terreno, tenía que ser accesible desde cualquier lugar del mundo.

Ello requería dos cosas. La primera era construir una red inalámbrica que pudiese enviar, por radio o vía satélite, paquetes de datos entre los engranajes dispersos de la máquina de guerra de Estados Unidos. La segunda era conectar esas redes inalámbricas a ARPANET, para que los carísimos ordenadores centrales les sirviesen a los soldados en combate. Los científicos lo llamaron *internetworking*, «interconectividad de redes».[17]

La interconectividad era difícil. Hacer que los ordenadores hablasen entre sí, el trabajo en red, ya había sido bastante complejo, pero conseguir que lo hicieran las redes, la interconectividad entre ellas, planteaba nuevas dificultades, porque las redes hablaban idiomas diferentes. Intentar mover datos de una a otra era como escribirle una carta en mandarín a alguien que solo habla húngaro y esperar que la entienda.

Para resolverlo, los arquitectos de internet desarrollaron una especie de esperanto digital, una lengua común que permitía a los datos viajar por cualquier red. En 1974 dos investigadores llamados Robert Kahn y Vinton Cerf publicaron un anteproyecto.[18] Se inspiraron en conversaciones que mantenía la comunidad de redes internacional y esbozaron un diseño para «un protocolo muy sencillo, pero muy potente y flexible»: un conjunto de reglas universal para que los ordenadores se comunicaran.[19]

Estas reglas permitieron tejer una red de redes tan versátil y robusta que un soldado en el campo de batalla podía conectarse a un ordenador central al otro lado del mundo. Los experimentos que la DARPA llevó a cabo para probar la nueva lengua de internet se diseñaron pensando precisamente en esta situación. El primer gran experimento tuvo lugar en 1976 y conectó dos redes. El segundo, en 1977, protagonizado por la furgoneta que circulaba por la autopista del área metropolitana de San Francisco y que lanzaba paquetes a través del Atlántico, conectó tres redes.[20]

El diseño de estos experimentos reflejaba un supuesto militar específico. «Lo que simulábamos era una situación en la que alguien estaba en una unidad móvil sobre el terreno, en Europa, por ejemplo, en medio de una operación», declaró Cerf más tarde. Los soldados intentarían acceder a «algún activo informático emplazado en Estados Unidos», seguramente mientras se enfrentaban al enemigo o huían de él.[21] En otras palabras, el objetivo era llevar el ordenador central al campo de batalla. La furgoneta desempeñó el papel de unidad móvil, y la autopista de la conurbación de San Francisco era el campo de batalla. Funcionó; el ordenador más pequeño de la unidad móvil se conectó al ordenador más grande a miles de kilómetros de distancia.

El protocolo que desarrollaron Cerf y Kahn había cumplido su promesa. Con el paso del tiempo, evolucionó hacia un conjunto de protocolos llamados TCP/IP. En la actualidad, TCP/IP es la lengua vehicular de internet. No es exagerado decir que TCP/IP es internet. Sin estas reglas, las redes del mundo serían un Babel de idiomas ininteligibles entre sí.[22]

Esta universalidad fue creada pensando en un objetivo. Internet se diseñó para que funcionase en cualquier lugar porque el ejército estadounidense está en todas partes. Actualmente posee unas ochocientas bases en alrededor de ochenta y cinco países.[23] Tiene cientos de buques, miles de aviones y miles de tanques.[24] La razón de que internet funcione en cualquier dispositivo, red o medio es que debe ser tan ubicuo como el ejército que financió su creación. Tenía que ser capaz de tejer una serie heterogénea de personas y de máquinas en una sola red de redes, para que un soldado en un jeep o un piloto en un B-52 pudiese usar un ordenador a miles de kilómetros.[25]

De protocolo a lugar

Puede que internet se crease como arma del imperio, pero al imperio no le interesaba, al menos la idea original. Cuando el ejército de Estados Unidos adoptó TCP/IP, no fue porque quisiese conectar sus jeeps a ordenadores centrales, sino por una razón mucho más mundana: necesitaba que la creciente serie de redes fijas del Pentágono empezasen a comunicarse entre sí.[26]

TCP/IP fue la solución. De hecho, en lo referente a comunicación fiable entre redes, el protocolo era «la mejor opción», según Kahn.[27] En 1983 ARPANET se pasó a TCP/IP, que le permitió conectarse con otras redes militares y experimentales.[28] Este nuevo sistema se llamó «internet», y tenía ARPANET como núcleo. Internet nació como un protocolo, pero se convertiría en un lugar, uno cada vez más lleno de investigadores civiles que intercambiaban correos electrónicos, que tenían acceso a ordenadores de alto rendimiento, que colaboraban y debatían. La administración creó internet, pero los usuarios lo volvieron útil, hicieron de él un lugar que valía la pena visitar.[29]

La utilidad de internet llevó a que los científicos ajenos al selecto círculo de contratistas de la DARPA no tardaran en pedir acceso. La respuesta de la Fundación Científica Nacional (NSF, por sus siglas en inglés), un organismo encargado de apoyar la investigación, fueron una serie de iniciativas que pretendían conseguir que más gente se conectara. Esto culminó en NSFNET, un programa que supervisaba la creación de una nueva red nacional. Esta red, que se puso en funcionamiento en 1986, sería la «red troncal» de internet, una amalgama de cables y ordenadores que formaban su arteria principal. Se parecía a un río; los datos fluían de un extremo a otro y se abrían paso por afluentes que a su vez se ramificaban en arroyos cada vez más pequeños. A estos arroyos accedían usuarios particulares, personas que nunca habían tenido acceso a la red troncal. Si enviaban datos a otra parte de internet, estos navegarían por los afluentes hasta la red troncal y luego bajarían por otra cadena hasta llegar al arroyo que desembocaba en el destinatario.[30]

En este modelo, el río no tiene sentido sin los afluentes que amplían su alcance. Por eso la NSF, para garantizar una conectividad más amplia, subvencionó numerosas redes regionales que conectaban universidades y otras instituciones a la red troncal de NSFNET.[31] Esto no fue barato, pero funcionó. Los académicos Jay P. Kesan y Rajiv C. Shah estiman que las subvenciones a las redes regionales, junto con los costes de funcionamiento de NSFNET, ascendieron a aproximadamente ciento sesenta millones de dólares. Otras fuentes de financiación públicas, como las administraciones estatales y las universidades públicas, contribuyeron con más de mil seiscientos millones de dólares al desarrollo de internet durante ese periodo.[32]

En los años setenta, el Estado inventó el idioma universal de internet. En los ochenta, hizo de ese idioma la base de un sistema de comunicación de vanguardia e invirtió grandes sumas para conectar más personas a este. Gracias a la avalancha de dinero público, a finales de los años ochenta se generalizó el acceso a internet entre los investigadores estadounidenses. Más tarde, en la década posterior, este internet murió de manera abrupta y apareció uno nuevo, parecido al de nuestros días. En los años noventa, internet se convirtió en un negocio. El Estado cedió los conductos a un puñado de empresas sin pedirles nada a cambio.[33]

Abierto al público

La privatización no apareció de la nada, sino que fue el plan desde el principio.[34] Los informes oficiales que guiaron la creación de NSFNET pronosticaron que la red troncal acabaría privatizándose,[35] pero la sorprendente popularidad de internet obligó a la NSF a efectuar el traspaso antes de lo que esperaba.

A principios de los años noventa, internet era víctima de su éxito. La red troncal estaba congestionada, y cuando la NSF la mejoraba se amontonaba más gente. En 1988, los usuarios enviaban menos de un millón de paquetes al mes. En 1992 enviaban ciento cincuenta mil millones. Así como las autopistas generan más tráfico, las mejoras de la NSF solo conseguían avivar la demanda, lo cual sobrecargaba el sistema.[36]

No cabía duda de que la gente adoraba internet. Y esos números habrían sido todavía más altos si la NSF hubiese impuesto menos restricciones a sus usuarios. La Política de Uso Aceptable (PUA) de NSFNET prohibía el tráfico comercial, de manera que la red se limitaba únicamente a fines de investigación y educación. La NSF consideró que era una obligación política, ya que el Congreso podría recortar la financiación si el dinero de los contribuyentes acababa subvencionando el sector. En la práctica, la PUA era inviable porque las empresas solían usar la red troncal de NSFNET. En términos más generales, el sector privado llevaba ya mucho tiempo ganando dinero con internet, ya fuese como contratista, ya fuese como beneficiario de software, hardware, infraestructura o avances en ingeniería desarrollados con fondos públicos.[37]

A pesar de todo, la PUA surtió efecto, ya que al excluir la actividad comercial generó un sistema paralelo de redes privadas.[38] A principios de la década de los noventa florecieron por todo el país una gran variedad de proveedores comerciales que ofrecían servicios en línea sin restricciones sobre el tipo de tráfico que generarían. La mayoría de estas redes se habían originado gracias a la financiación pública y contrataron a veteranos de la DARPA por sus conocimientos técnicos.[39] Sin embargo, a pesar de sus ventajas, la PUA prohibió a las redes comerciales transportar contenido comercial en NSFNET, lo cual limitaba su valor.

Internet prosperó en manos públicas, pero estaba llegando al límite. La demanda creciente de los investigadores puso a prueba al sistema y, al mismo tiempo, la PUA impedía el acceso a un público más amplio. Entretanto, las redes comerciales estaban impacientes por expandirse sin restricciones e invertir en el vivo entusiasmo que provocaba internet.

Este entusiasmo no se comprendería si no fuese por el auge de la World Wide Web, que volvía mucho más fácil la navegación. El internet primigenio no era precisamente agradable para los usuarios; lo más común eran las aplicaciones cargadas de texto como el correo electrónico, y para usarlas era necesario cierta pericia técnica. La web proponía un enfoque mucho más intuitivo basado en una serie de «páginas» con hipervínculos. Lo que ahora nos parece de lo más obvio, abrirnos paso a golpe de clic en una cadena de contenido, fue una revelación en la época. La web no reemplazó internet, sino que vivía dentro de él, pero durante la década de los noventa muchos recién llegados lo conocieron mediante la web, hasta el punto en que les costaba diferenciarlos.

La primera página web apareció en 1990, y el buscador que popularizó su uso, Mosaic, apareció tres años más tarde. Como ya era costumbre, el dinero público fue de gran importancia. Tim

Berners-Lee, el creador de la World Wide Web, trabajaba como científico en el CERN, la organización europea de investigación respaldada por casi veinte Estados miembros, mientras que Mosaic se desarrolló en el Centro Nacional de Aplicaciones de Supercomputación de la Universidad de Illinois, que fue creado por la NSF en los años ochenta. Stephen Wolff comenzó por entonces a pensar en la privatización, y dio el primer paso en 1991. Un par de años antes, la NSF le había adjudicado el contrato para operar en su red a un consorcio de universidades de Michigan llamado Merit, en colaboración con IBM y MCI. Este grupo había ofrecido un precio muy bajo, pero intuía una oportunidad de negocio, y en 1991 decidió sacar provecho creando una filial con fines comerciales que empezó a vender un acceso comercial a la red troncal de NSFNET, con la bendición de Wolff.[40]

Esta operación enfureció al resto del sector naciente de la red, y muchas empresas acusaron con razón a la NSF de aceptar un trato secreto que les concedía a sus contratistas el monopolio comercial. Armaron tanto escándalo que el Congreso organizó audiencias en 1992, aunque en estas no se debatía el deseo de privatizar, sino solo los términos en los que debería llevarse a término la privatización. Cuando Wolff puso en marcha la privatización, los demás proveedores comerciales también quisieron un trozo del pastel. Uno de los altos ejecutivos, William Schrader, afirmó que las acciones de la NSF eran algo así como «entregarle un parque federal a Kmart».[41]

La solución que encontraron Schrader y sus colegas ejecutivos no fue conservar el parque, sino dividirlo en muchos Kmarts. Antes, la NSF había pensado en reestructurar la red troncal de NSFNET para permitir que la utilizaran más contratistas. En 1993, tras las audiencias y la amplia participación del sector, la NSF tomó una decisión más radical, suprimir por completo NSFNET de la red troncal, de manera que esta daría paso a muchas redes gestionadas por los proveedores comerciales que las poseían.

El objetivo era fomentar la competencia creando un terreno

de juego nivelado. Para ser más exactos, el campo seguía inclinado, pero lo abrieron a más jugadores. La antigua arquitectura de internet favorecía el monopolio, y la nueva estaba hecha a medida para el oligopolio. No había tantas compañías con una infraestructura lo bastante consolidada como para gestionar una red troncal (en concreto, había cinco).[42] La NSF no abría internet para fomentar la competencia, sino que se lo transfería a un puñado de empresas que esperaban entre bastidores, y, sorprendentemente, la operación se llevó a cabo sin condiciones. El Estado no vigilaría la nueva red troncal de internet ni impondría normativas sobre la gestión de los proveedores comerciales de la infraestructura. También desaparecían las subvenciones para las redes regionales sin ánimo de lucro que habían conectado los campus y las comunidades en la época de NSFNET. Algunas ya habían desarrollado filiales comerciales, y las que no lo habían hecho habían sido adquiridas por empresas o quebrado. El 30 de abril de 1995, la NSF desconectó la red troncal NSFNET. En pocos años, se llevó a cabo la privatización completa de los conductos de internet.[43]

El centro comercial electrónico

Lo increíble de la privatización de los conductos es que casi todo el mundo estaba de acuerdo en que era lo que había que hacer.[44] Wolff, el director de NSFNET, abrió el camino, pero basándose en un amplio consenso ideológico. En unas declaraciones al escritor Yasha Levine años después, dijo: «Mis empleados y yo estábamos de acuerdo en que era lo que había que hacer. Nunca supuso ningún conflicto».[45]

En la década de los noventa, el triunfalismo de libre mercado y el clima político desregulador, fomentado por los demócratas de Bill Clinton y los republicanos de Newt Gingrich, presentaron la privatización como algo inevitable y beneficioso. La caída de la Unión Soviética reforzó esta idea cuando se disipó la lógica de la Guerra

Fría que invitaba a una planificación pública más sólida. Estos factores, unidos a la profunda influencia del sector durante el proceso, garantizaban que la privatización sería drástica.

Sin embargo, la privatización tenía algo de sutil. A un observador superficial se le podría perdonar que no reparase en la magnitud del acontecimiento. No es que el Estado le diera al sector privado un manojo de cables y ordenadores. La decisión de acabar con la red troncal NSFNET implicaba que el hardware no cambiaba de manos. El Estado ni siquiera poseía el hardware; la red siempre había operado en líneas alquiladas a los contratistas y había confiado en ellos para que gestionaran la red, siguiendo los pasos de ARPANET.[46] Además, los protocolos TCP/IP que ensamblaban las diversas redes de internet no eran propiedad de nadie, estaban a disposición de cualquiera y, a mediados de los años noventa, los utilizaban muchas empresas diferentes.

Como el Estado había controlado la arteria principal de internet, también tenía el poder de decidir qué la sustituiría. A principios de los años noventa, NSFNET se le había quedado pequeña a internet y el modelo existente era insostenible; había que encontrar una nueva organización para seguir evolucionando. Esta podría haber adoptado muchas formas diferentes, pero, en vez de evaluarlas todas, el Estado le dio el poder al sector para que dictase los términos de la transición. Evidentemente, el sector insistió en que la privatización de internet era necesaria para su popularización; parecía que las únicas opciones fueran conservar el sistema como una red de investigación restringida o convertirla en un medio de comunicación de masas totalmente privatizado.

Lo cierto es que había más opciones, pero la influencia del sector garantizó que estas fueran las únicas. Había mucho dinero en juego. El Estado se había gastado miles de millones de dólares en una tecnología que había desarrollado pacientemente hasta llegar a una fase en la que podía servir de base para un negocio, y las empresas estaban decididas a recoger los frutos. En los años noventa, consiguieron una victoria tan rotunda que casi pasó desapercibida, y revolucionaron sigilosamente la tecnología que más tarde revolucionaría el mundo.

Puede que nada ilustre mejor la rotundidad de la victoria que la biografía de Al Gore. Desde que llegó al Congreso en la década de los setenta, este político de Tennessee se caracterizó por ser de los primeros defensores de las tecnologías digitales. Cerf y Kahn, los creadores del primer protocolo de internet, dirían de Gore que fue «el primer cargo electo que comprendió el potencial de las comunicaciones informáticas más allá del desarrollo de la ciencia y la academia».[47] Es cierto que Gore contribuyó directamente al crecimiento de internet: presentó la Ley de Comunicaciones y Computación de Alto Rendimiento de 1991, que contribuyó a la ampliación de NSFNET.[48]

A pesar de ser un centrista, Gore creía en la política sectorial; a la «autopista de información» que reflejaba su propuesta de ley la consideraba una inversión que estimularía el crecimiento económico y fomentaría la competencia nacional, lo cual era un asunto político destacado por la preocupación generalizada entre los políticos estadounidenses ante el auge de Japón. Según Gore, para que la red cumpliera esta función el Estado tenía que garantizar que los beneficios se repartían ampliamente. El internet que había ideado sería una asociación público-privada, es decir, gestionada por el sector y bajo supervisión federal.[49]

No obstante, cuando Gore entró en la Casa Blanca como vicepresidente de Bill Clinton en 1993, empezó a cambiar su discurso y la parte pública de la asociación público-privada fue desapareciendo poco a poco.[50] El periodista Robert Krulwich informó de que el 21 de diciembre de 1993, el mismo día en que Gore dio un discurso en el Club Nacional de Prensa de Washington D. C. en el que reconoció que internet sería un sistema totalmente privado, el Comité Nacional Demócrata recibió una donación de noventa mil dólares de cuatro compañías telefónicas. Al día siguiente llegaron treinta mil dólares más. Se esfumó, pues, la idea de que el Estado desempeñaría un papel relevante y estable en la superautopista de la información, y la NSF se mantuvo firme en su voluntad de privatización total.[51] Al mismo tiempo, una de las prioridades de la primera administración de Clinton sería la desregulación de las telecomunicaciones, que culminó en la Ley de Telecomunicaciones de 1996.

Si un político centrista en el poder era incapaz de proteger una modesta posición de control en el nuevo internet, la esperanza era casi inexistente para las voces más radicales y con menor influencia, entre las que se encontraba la del senador Daniel Inouye, que presentó una propuesta de ley en 1994 que habría obligado a las compañías de telecomunicaciones a reservar el 20 por ciento de su capacidad para «usos públicos». Este porcentaje de la capacidad sería considerado «propiedad pública», con lo cual las empresas no tendrían ningún control sobre ella y se utilizaría para ofrecer un acceso libre y gratuito a organizaciones escogidas exprofeso como bibliotecas, organizaciones sin ánimo de lucro o instituciones educativas, siempre y cuando proporcionasen «servicios educativos, informativos, culturales, cívicos o benéficos directamente al público sin cobrar por ellos». Estas organizaciones también recibirían la financiación necesaria para garantizar la capacidad de prestar estos servicios.[52] La idea había nacido en la Plataforma de Políticas de las Telecomunicaciones, una coalición de trabajadores sindicados, activistas del ámbito del consumo, profesionales de la informática y otros que, durante los debates sobre las leyes de telecomunicaciones del primer mandato de Clinton, fueron los únicos que se opusieron al entusiasmo por la desregulación y exigieron un «carril público en la superautopista de la información».[53]

Los medios de comunicación públicos fueron una fuente de inspiración; la propuesta de ley de Inouye citaba la Ley de Radiodifusión Pública de 1967, mediante la cual se creó la Empresa para Radiodifusión Pública, cuyo objetivo era apoyar la programación de interés público en la radio y la televisión. La idea de Inouye de crear una estructura de tarifas diferenciadas también tenía precedentes importantes. El servicio postal de Estados Unidos cobra precios diferentes según el uso de su red; las bibliotecas y los periódicos pagan menos. Lo cierto es que, durante gran parte de la historia del país, el Congreso dispuso que el envío de revistas y periódicos fuese o muy barato o gratuito para incentivar una amplia difusión de la información.[54] Y el predecesor de NSFNET, la Red de Investigación de Informática (CSNET, por sus siglas en inglés), había alcanzado la autosuficiencia económica cobrando tarifas más altas para la conexión a internet a los laboratorios industriales que a las universidades.[55] Aunque había que pulir algunos detalles de la propuesta de Inouye, los fundamentos eran viables y los principios que la sostenían tenían una larga historia. También había un argumento moral importante: un carril público era la mínima exigencia para unas bases justas; a cambio del privilegio de obtener beneficios de un sistema construido con dinero público, las empresas de telecomunicaciones reservarían una parte de su capacidad para organizaciones a servicio del público.

La idea no fue muy lejos y la propuesta de ley de Inouye no llegó a ningún lado. El lobby de estas empresas se aseguró de que nunca se construyese el carril público. La Plataforma de Políticas de las Telecomunicaciones se esforzó audazmente, pero no consiguió el tipo de movilización de masas que hubiese sido necesaria para vencer a la oposición del sector. Jeffrey Chester, el cofundador de la organización, declaró en 1993 a *The New York Times* que «debería celebrarse un debate nacional sobre el tipo de sistema de medios de comunicación que queremos. Por ahora el debate lo han delimitado un puñado de gigantes de la comunicación que trabajan sin descanso para convencer a los ciudadanos estadounidenses de que la autopista de datos no será mucho más que un centro comercial electrónico».[56]

A falta de un movimiento social, las empresas de telecomunicaciones seguirían dominando el debate. La autopista de datos se convertiría efectivamente en un centro comercial electrónico. En 1995 se desmanteló la red troncal NSFNET, en 1996 se aprobó la Ley de las Telecomunicaciones y en 1997 la administración Clinton lanzó su «Acuerdo para el Comercio Electrónico Global», que imponía formalmente al Gobierno federal un internet dominado por las leyes de mercado, en el que la «autorregulación del sector» sería prioritaria y el Estado desempeñaría un papel muy limitado.[57]

No había nada en la composición técnica de internet que determinase ese desenlace. Muchas medidas posibles podrían haber popularizado internet sin privatizar por completo los conductos. Un carril púbico en la autopista de la información era una de las opciones; otra idea hubiese sido expandir las redes regionales no lucrativas de NSFNET en vez de abandonarlas, ya que, financiadas con las tasas aplicadas a las empresas de telecomunicaciones, estas redes habrían permitido que el Estado garantizase un acceso a internet de alta velocidad a bajo coste para convertirlo en un derecho social universal. Se podría haber garantizado este derecho mediante la expansión y la financiación de las «redes libres» que funcionaban desde los años ochenta, redes no lucrativas que ofrecían acceso gratuito a internet a comunidades locales, gracias a un módem de línea conmutada. Tom Grunder, el fundador de la famosa Red Libre de Cleveland que inventó el modelo, intentó incluso lanzar una «empresa para la ciberdifusión pública», que habría esparcido las redes libres por todo el país con dinero público.[58]

Sin embargo, la ventana de oportunidad se cerró. No hubo una campaña popular lo suficientemente fuerte que exigiese una alternativa, así que ganaron las empresas de telecomunicaciones. Decir que fue una oportunidad perdida es quedarse corto.

2

El saqueo continúa

Ha pasado más de un cuarto de siglo desde que los conductos empezaron a privatizarse. En este tiempo internet ha crecido tanto que está irreconocible. Se ha convertido no solo en un medio de comunicación de masas sino también en una infraestructura esencial, comparable a la electricidad, ya que está profundamente integrada en las vidas de miles de millones de personas. También es global, a diferencia de los predecesores de internet, como ARPANET, que tenían nódulos en el extranjero pero seguían siendo sistemas centralizados en Estados Unidos. El internet actual es esencialmente internacional, hasta el punto de que quizá sea mejor pensarlo como una serie de internets conectados, cada uno localizado en los principales gigantes digitales: China, Europa y Estados Unidos.

Sin embargo, no todo ha cambiado. Cuando bajas al sótano del internet estadounidense y estudias los conductos, ves que la mayor parte de la fontanería está intacta. El modelo de propiedad fraguado por la privatización continúa en su sitio; un puñado de empresas siguen siendo las dueñas de todo. En 1995 había cinco redes troncales principales.[1] Ahora hay alrededor de seis en Estados Unidos, según se hagan las cuentas. Aunque, tras una larga serie de fusiones y adquisiciones, las compañías se han reorganizado y han renovado su imagen, la mayoría están ligadas al oligopolio estadounidense inicial: AT&T, Sprint y Verizon.

Las condiciones de la privatización facilitaron que los titulares protegieran su posición. Para formar un internet unificado, las redes troncales deben estar conectadas entre ellas y con redes más pequeñas. Así es como el tráfico discurre de un rincón de internet a otro. Sin embargo, como el Estado no especificó ningún reglamento de interconexión cuando privatizó los conductos, las redes nodales pueden negociar a su antojo. Suelen permitir las interconexiones gratuitas, porque beneficia a todos, pero les cobran a los proveedores más pequeños por encauzar el tráfico de datos. Los contratos no es que no estén regulados, es que suelen ser secretos. Se negocian a puerta cerrada y se firman acuerdos de confidencialidad, asegurando así que los mecanismos profundos de internet no solo siguen bajo control de las grandes empresas, sino ocultos a la gente.[2]

Lo mismo ocurre con los proveedores de servicios de internet. Son compañías que venden a sus consumidores el acceso a internet en vez de gestionar las redes más complejas, aunque en la práctica muchas veces son las mismas empresas. La concentración del mercado en Estados Unidos es muy elevada: cuatro empresas —Comcast, Charter, Verizon y AT&T— se reparten el 76 por ciento de todos los contratos de suministro de internet del país, y colaboran activamente para evitar hacerse la competencia.[3]

Estos mastodontes se benefician no solo de las condiciones del acuerdo de 1995, sino también de una serie de desarrollos ulteriores que consolidaron todavía más su posición. Los proveedores de internet, al igual que los de redes troncales, no están obligados a hacer nada que no sea optimizar su cuenta de resultados. No solo poseen los conductos y se lucran con los beneficios asociados, sino que ejercen una especie de poder soberano basado en una simple definición jurídica: la cuestión de si las compañías que venden internet deberían considerarse «operadoras». La del operador es una idea con historia en tradiciones legales de varios países. En Estados Unidos viene del derecho anglosajón, pero los elementos de base se remontan a los romanos. La idea básica es que si un negocio está abierto al público debe atender a todos por igual, es decir, tiene que ser neutral y no discriminar a ciertos usuarios o ciertos usos de sus servicios.[4]

En la Inglaterra moderna, las leyes de operadores abarcaban una serie de gremios, desde el de los panaderos y cerveceros hasta el de los cirujanos y sastres. Estas leyes aplicaban el principio de no discriminación; un barquero debía llevarte al otro lado del río si le quedaba sitio en la barca, y una hostelera tenía que darte una habitación si disponía de alguna. A partir de mediados del siglo XIX, la administración estadounidense empezó a usar este acuerdo, primero a escala estatal y luego a escala federal, para regular las primeras redes de telecomunicaciones como el telégrafo. Estos esfuerzos culminaron en la Ley de Comunicaciones de 1934, durante el New Deal, que catalogaba sin lugar a dudas a los proveedores de comunicaciones como operadores, sujetos a la supervisión de la recién creada Comisión Federal de Comunicaciones (FCC, por sus siglas en inglés).

Sesenta y dos años después, entró en vigor la Ley de Comunicaciones de 1996, en una era política muy diferente. La socialdemocracia al estilo Roosevelt llevaba muerta mucho tiempo y el neoliberalismo clintoniano estaba en auge. El sector ejercía una influencia enorme en el proceso legislativo y estaba decidido a utilizarla para destruir cualquier obstáculo que le impidiese obtener el máximo beneficio posible de un internet recién privatizado. Con ese objetivo, la ley de 1996 establecía una distinción entre los proveedores de «servicios de telecomunicación» y de «servicios de información». Los primeros estarían sujetos a la normativa de operadores, a diferencia de los segundos. Aquel era el mecanismo mediante el cual se alcanzaría la siguiente fase de la privatización de internet.[5]

Esta fase sería más larga, debido en parte a la tecnología que la mayoría de las personas utilizaban para conectarse al principio, los módems de línea conmutada. Como esos módems pasaban por las líneas telefónicas que operaban y pertenecían a empresas a las que se consideraba proveedoras de servicios de telecomunicación, aún se les aplicaba la normativa de los operadores. Las empresas de telefonía podían vender el servicio de internet mediante sus propias líneas, pero también tenían que dejar que otros proveedores de internet las utilizasen con el mismo propósito. El principio de no discriminación las obligaba a no hacer distinciones entre ciertos usuarios de su infraestructura, aunque estos vendiesen un servicio de internet que competía con el suyo propio.

Pero, poco a poco, las grandes proveedoras de internet consiguieron liberarse de esas restricciones. El primer paso se dio en 2002, durante el mandato de Bush, cuando una FCC mayoritariamente republicana zanjó un largo debate sobre la regulación del internet por cable al clasificarlo como un servicio de información, lo cual lo eximía de las normas de los operadores. Tres años después, la comisión hizo lo mismo con el servicio de internet que se vendía mediante las líneas telefónicas. En 2015, durante el mandato de Obama, una FCC demócrata cambió totalmente de rumbo al definir la banda ancha —una categoría amplia que alude al internet de alta velocidad transmitido mediante varias tecnologías— como un servicio de telecomunicaciones de carácter público. Pero en 2017 Trump nombró a un nuevo jefe de la comisión, que dio marcha atrás y reclasificó la banda ancha como un servicio de información con pocas regulaciones. Fue el punto final de la cruzada del sector.

Puede que la victoria sea breve, ya que Biden ha expresado su deseo de adoptar una postura más firme y anima a la FCC a que recupere las normas de la era Obama, pero cuando escribo estas líneas todavía no se han adoptado.[6] Y, aunque así sea, será necesaria mucha voluntad política para reparar el daño que ya se ha hecho. En particular, la liberalización de la regulación de los operadores que empezó a principios de siglo condujo a una importante consolidación del mercado de los proveedores de internet. En 1998, el 92 por ciento de los estadounidenses podían elegir entre siete o más proveedores simplemente si usaban un módem conectado a su línea telefónica,[7] pero, tras la decisión del Tribunal Supremo en 2005 de ratificar las desregulaciones de la era Bush, los grandes proveedores empezaron a negarles a sus competidores el acceso a su infraestructura. Si los pequeños proveedores no podían usar las líneas de los grandes, no tenían nada que hacer, pues no podían permitirse construir las suyas propias. La mayoría dejaron de operar.

Liberar a los grandes proveedores de internet de las normas de operadores les permitió no solo quitarse de encima a la competencia, sino también manipular en beneficio propio el flujo de datos que pasaba por sus conductos. Durante el esfuerzo de regulación llevado a cabo en el mandato de Obama, cuando la FCC clasificó a los proveedores de banda ancha como operadores, impuso el principio de «neutralidad de red», según el cual los proveedores debían tratar igual todos los datos. Cuando la neutralidad de la red llegó a su fin durante el mandato de Trump, empresas como Comcast fueron libres de transportar como quisieran datos por sus redes. Podían bloquear el acceso a ciertas páginas, acelerar la velocidad de los clientes y hacer tratos de «priorización de pago» con proveedores de contenido para crear «carriles rápidos» para ciertos tipos de tráfico.[8]

Estos acuerdos se adaptan bien a un sistema en que el contenido proviene de un menor número de fuentes. Al fin y al cabo, los conductos no son la única parte de internet que está en relativamente pocas manos. Impera una concentración de poder comparable en lo tocante a quien posee y organiza la información que pasa por ellas. En la actualidad, seis empresas —Google, Netflix, Facebook, Microsoft, Apple y Amazon— representan casi la mitad del tráfico de internet.[9] Estos gigantes se han asociado con sus homólogos en la banda ancha para construir atajos entre las redes. Los proveedores de contenido como Netflix les pasan los datos directamente a proveedores de banda como Comcast y colocan cachés en lo más profundo de sus redes para evitar un camino tortuoso por las entrañas de internet.[10]

Encontrar el camino más directo para tus paquetes es un tema de peso en el internet moderno. Las redes de distribución de contenidos ubican copias de páginas y otros archivos en servidores que están geográficamente más cerca de los usuarios, para reducir el tiempo de espera. Al mismo tiempo, las redes pequeñas y medianas se conectan directamente para no tener que pagar a proveedores más grandes por el transporte de sus datos.[11] Aun así, las redes troncales siguen siendo fundamentales para el tráfico internacional y a larga distancia, de manera que los grandes proveedores de contenido han decidido adquirir las suyas propias. A pesar de que la barrera de entrada al mercado de la banda ancha sigue demasiado alta —incluso Google tuvo que renunciar a su ambición de poseer un proveedor nacional con Google Fiber—,[12] las empresas tecnológicas están forzando su entrada en el mercado de las redes troncales. Para ser más exactos, están invirtiendo en los cables submarinos de fibra óptica que recorren los fondos oceánicos de todo el mundo y que forman las arterias globales de internet.

Los proveedores de contenido como Google, Facebook, Amazon y Microsoft poseen o alquilan más de la mitad del ancho de banda submarino.[13] Mientras que estas empresas suelen comprar una porción del cable como parte de un consorcio, Google ha estado construyendo su propia infraestructura.[14] A diferencia de las empresas de telecomunicación, las tecnológicas no compran redes troncales para vender capacidad, sino para usarlas. Siguen reconstruyendo la arquitectura mundial de internet y levantando imperios digitales verticales que controlan tanto los conductos como la información que transportan, convirtiendo así el internet que ya se reconfiguró en los años noventa en algo todavía más privatizado.

Los arrendadores abusones de internet

Los partidarios de un internet privatizado afirmaban que todo el mundo se beneficiaría, ya que ofrecería un mejor servicio y un acceso más amplio y aumentaría la inversión. «Un sector impulsado por la competencia tiende al incremento de la innovación, de los servicios y de la participación y a unos precios más bajos que un sector regulado», señalaba el «Acuerdo marco sobre el comercio electrónico global» de la administración Clinton, de 1997.[15] Dicho de otro modo, si al sector se le concedía más poder para gestionar los conductos, lo usaría para construir un internet mejor.

¿Hasta qué punto se sostiene esta afirmación? La evidencia no es muy alentadora. Tras décadas de creciente control privado, los estadounidenses pagan una de las tarifas más elevadas del mundo a cambio de un servicio pésimo. El coste medio de internet es más alto en Estados Unidos que en Europa o Asia, según un estudio de 2020 realizado por el instituto de investigación New America,[16] mientras que solo ocupa el duodécimo puesto en el índice de velocidad media de conexión, por detrás de Rumanía y Tailandia.[17] No es casualidad que los proveedores de internet estadounidenses acaben en la cola en las listas de satisfacción de los consumidores estadounidenses, por detrás de las aerolíneas y los seguros de salud.

El pésimo estado de la banda ancha estadounidense se explica porque las altas tarifas que se cobran a los usuarios no se invierten en una mejor infraestructura, sino que sirven para enriquecer a ejecutivos e inversores. El director ejecutivo de Comcast ganó 36,3 millones de dólares en 2019, y la empresa, junto con los demás miembros del cártel de la banda ancha, se ha gastado miles de millones de dólares en dividendos y compras de acciones para engrosar los bolsillos de sus accionistas.[18] Los grandes proveedores de servicios de internet son, en suma, arrendadores abusones. Su función es desplumar a sus clientes y enviar el dinero hacia arriba. Cobran precios exorbitantes por el acceso a su infraestructura en decadencia porque las personas no tienen otra alternativa.

Sin embargo, hay algo peor que la explotación: la exclusión. Mejor que te estafe un arrendador que dormir en la calle. Y, en lo que respecta a la banda ancha, la exclusión es la realidad que viven decenas de millones de estadounidenses. Los que más sufren en un sistema orientado al lucro son las comunidades demasiado pobres o demasiado aisladas para merecer la atención de los monopolios de la banda ancha. Los ignoran porque pueden ganar más dinero en otro lugar.

El resultado son grandes desigualdades en cuanto al acceso. En 2018 investigadores de Microsoft descubrieron que 162,8 millones de estadounidenses no utilizan internet de banda ancha, es decir, casi la mitad de la población.[19] Las personas desconectadas pertenecen de manera desproporcionada a la población rural y con ingresos bajos.[20] Alrededor de un tercio de los estadounidenses que viven en zonas rurales y casi la mitad de aquellos cuyo salario anual es inferior a treinta mil dólares no tienen acceso a internet en casa, y la mayoría son hogares de personas negras o latinas.[21] Incluso los residentes de las zonas desfavorecidas que tienen la opción de pagar una conexión a internet y se lo pueden permitir se ven a menudo obligados a conectarse a una velocidad muy lenta debido al abandono sistemático y a la falta de inversión de los proveedores. Esta práctica es conocida como «discriminación digital».[22]

La conexión doméstica a la banda ancha no es la única manera de acceder a internet. La creciente ubicuidad de los smartphones es otra entrada a él; de hecho, para un 17 por ciento de los adultos estadounidenses es la única.[23] Pero, aunque el acceso en el teléfono es mejor que nada, supone una gran limitación. Para empezar, porque los proveedores de telefonía móvil suelen imponer límites al uso de datos que restringen el tiempo de utilización. Y, lo que es más importante, el tamaño de la pantalla y la falta de un teclado externo hacen que los smartphones no sean aptos para muchas de las actividades en línea. En 2015, cuando el Pew Research Center hizo una encuesta entre ciudadanos estadounidenses que utilizaban un smartphone para buscar trabajo —que quizá sea la actividad más importante en internet—, descubrió que tenían dificultades con muchas tareas, desde navegar por páginas que no están adaptadas al teléfono hasta teclear textos largos y adjuntar los archivos solicitados. Los smartphones son malos sustitutos de la banda ancha doméstica, y quienes se ven obligados a utilizarlos están en desventaja.[24]

La crisis del COVID-19 acentuó considerablemente esos inconvenientes. Cuando el confinamiento y el distanciamiento social obligaron a las personas a vivir cada vez más conectadas, se volvió esencial una conexión doméstica decente. En consecuencia, los millones de estadounidenses sin acceso a esta se desplazaron en masa a los aparcamientos de las escuelas, las bibliotecas y otras instituciones que seguían ofreciendo wifi gratuita. Pasaron horas en el coche, teletrabajando, asistiendo a clases en línea, solicitando el paro, hablando con amigos y seres queridos.[25]

Pero no todo el mundo podía ir al aparcamiento. De hecho, algunas escuelas no pudieron impartir clases en línea durante la pandemia porque la mayoría de sus alumnos no tenían un acceso a internet decente. Alumnos así hay muchos; en 2018 el Pew Research Center descubrió que casi uno de cada cinco adolescentes tenía dificultades para hacer los deberes porque carecían de acceso a un ordenador o a internet.[26]

«Espero que esto sirva de lección —declaró a *The New York Times* Gina Millsap, la directora de la biblioteca pública de Topeka y el condado de Shawnee—, la banda ancha ya es como el agua y la electricidad, y se sigue tratando como un servicio de lujo».[27] La pandemia puso de manifiesto que es necesario tener una buena conexión a internet. Es un requisito para participar en la vida social, económica, política y cultural, que muchos millones de estadounidenses no poseen.

La posibilidad de la democracia

La coyuntura actual no solo es injusta sino esencialmente antidemocrática. Está en juego nada menos que la posibilidad de la democracia, que queda excluida a causa de un internet organizado en torno al afán de lucro.

La democracia es una organización de la vida en la que las personas se gobiernan a sí mismas. El término procede del griego antiguo *demokratia*, cuya traducción es «el poder del pueblo», no «el poder de una parte del pueblo», como los ricos (plutocracia) o los sacerdotes (teocracia), sino de todas las personas. No obstante, para que todas puedan gobernar, cada una tiene que gobernarse a sí misma. Según la teórica Wendy Brown, la democracia «es la forma política en que el conjunto del pueblo gobierna el sistema político y, por lo tanto, a sí mismos».[28] Gobernarse a sí mismo a una escala colectiva implica y supone el gobierno a escala individual.

El filósofo John Dewey observó que el gobierno individual está compuesto de dos elementos. El primero es la ausencia de restricción o coacción externa, estar libre de «sometimiento a la voluntad o el control de otros». Pero este tipo de libertad —la libertad «negativa»— es insuficiente. Para que las personas se gobiernen a sí mismas necesitan libertad «positiva», la libertad de establecer objetivos y alcanzarlos. Y la libertad positiva requiere cosas, o lo que Dewey llama «los recursos necesarios para llevar a cabo los propósitos».[29]

Dicho de otro modo, la libertad no es libre. Está condicionada materialmente. Si no tienes para comer ni para una casa, si estás enfermo —o tiritando en un aparcamiento provisto de wifi gratuita porque no dispones de internet en casa—, es difícil llevar una vida independiente. Garantizar esas condiciones materiales no solo es una cuestión de voluntad propia. Tiene que ver con decisiones políticas sobre la distribución de recursos como la comida, la vivienda y la sanidad. A fin de que las personas tengan acceso a lo que necesitan para ser libres, tienen que poder participar en la toma de decisiones, de manera que gobernarse a sí mismo siempre se basa en un gobierno colectivo. El poder de tomar decisiones importantes sobre nuestra propia vida depende del poder de contribuir de manera significativa a la toma de decisiones que inciden en la vida de todos y todas.

Este poder debe reposar sobre algo más robusto que la oportunidad de elegir a los representantes políticos cada cuatro años. Las elecciones son la mínima expresión de la democracia, que requiere un conjunto de prácticas más consistentes y una esfera de control más amplia para hacer honor a su nombre. Como escribe el teórico Stuart Hall, debe ejercerse no solo de vez en cuando y en ciertas zonas limitadas, sino «en todos los centros de actividad social, ya sea en la vida pública, en la privada, en las relaciones personales o en los imperativos familiares, vecinales o de crianza, así como en el centro comercial, en la función pública o en el puesto de trabajo».[30] Y, podríamos añadir, en el ámbito de internet.

El acceso a internet es una de las condiciones materiales de la libertad, uno de los recursos que las personas necesitan para gobernarse a sí mismas. Un sistema que distribuye este recurso basándose solo en la lógica de mercado es incapaz de hacer de él un derecho accesible a todos. Si el ánimo de lucro es el único principio que determina la distribución de la conectividad, habrá millones de personas forzadas a vivir sin este derecho: aquellas que no se lo pueden permitir o las que viven en lugares que no son lo suficientemente rentables como para que las empresas decidan invertir en ellos. Otras muchas solo tendrán un acceso precario, supeditado a la regularidad de su salario y la suma a la que ascienda. Incluso las más afortunadas, aquellas que se pueden permitir las tarifas desorbitadas del cártel de la banda ancha, soportarán la pésima velocidad de la conexión causada por la falta crónica de inversión.

Este tipo de práctica es antidemocrática. Las personas no pueden vivir vidas independientes si el acceso a lo que Dewey llama «los recursos necesarios para la realización de los fines» no existe, es limitado o es inestable. La dependencia del mercado vuelve precarios los fundamentos materiales de la libertad. Los mercados no te dan lo que necesitas, te dan lo que te puedes permitir, y eso depende de tu sueldo.

El gobierno individual es imposible con estas restricciones, al menos a gran escala. También lo es el gobierno colectivo, ya que las decisiones que afectan a las vidas de las personas —en este caso las que tienen que ver con la organización de internet— se toman sin consultarles. Estas decisiones se dejan en manos de los directores ejecutivos y los inversores de las empresas privadas que a su vez funcionan según los parámetros fijados por la ley de mercado.

El capitalismo es una máquina en movimiento constante, impulsada por un afán de acumulación infinito. Los beneficios son su carburante. Sin ellos, la acumulación se detiene y las empresas quiebran, así que el lucro no es una opción, sino un requisito. Uno de los aspectos más extraños del capitalismo es que las personas que dirigen la máquina en movimiento constante —los capitalistas— en realidad no la controlan. Son como los personajes de una obra de teatro, tienen un rol asignado. Varios actores encarnan papeles diferentes, pero el guion no cambia demasiado. La acumulación debe continuar, lo cual significa que el lucro siempre es prioritario.

Por eso, los capitalistas son una especie peculiar dentro de la clase dominante. Gobiernan, pero no del todo, ya que están sometidos a un poder más grande, «un poder que rige sobre todo», como decía el joven Karl Marx.[31] Es inhumano porque no es el gobierno de una persona sino de un imperativo, el de la acumulación. Este decreto es absoluto. Ningún capitalista, por muy poderoso que sea, puede desobedecerlo, y, si lo hace, deja de ser capitalista; la acumulación se detiene y la competencia lo lleva a la quiebra.

Entender estas leyes básicas sirve para ver con claridad cómo funciona el poder en un internet regido por el lucro. Los individuos que controlan las empresas que rigen internet no tienen ningún control real sobre la red. Las decisiones que toman importan, pero su abanico de posibilidades es muy limitado. De alguna forma, siempre tienen que elegir seguir alimentando la máquina de la acumulación. Lo limitado de esta elección restringe a su vez las elecciones de los demás; en un internet basado en el ánimo de lucro, no todo el mundo puede obtener los recursos que necesita para elegir libremente el rumbo de su propia vida y tampoco todo el mundo puede implicarse en las decisiones que afectan a esta. Ello no es así solo porque la mayoría de las personas no son directores ejecutivos o inversores, ya que, esencialmente, incluso las decisiones de los que pueden tomarlas están limitadas por un imperativo que nadie controla. Las personas no pueden gobernar porque, en cierto sentido, nadie puede hacerlo.

Sin embargo, es difícil ignorar el deseo de la libre determinación, ya que siempre encuentra una manera de afirmarse, incluso en condiciones hostiles. Los conductos de internet se han privatizado hasta tal punto en las últimas dos décadas y media que es difícil imaginar una alternativa. Por suerte, hay comunidades que se comprometen activamente a construir una alternativa, que experimentan con varios modelos para apropiarse de redes y organizarlas, que encuentran maneras de debilitar el ejercicio lucrativo y de reforzar las condiciones para un control democrático, que descubren formas embrionarias de un internet gobernado por las personas.

3

Los conductos de las personas

En 1935 los habitantes de Chattanooga, Tennessee, vivían en una de las partes más pobres de Estados Unidos, en plena Gran Depresión. La electricidad era una de las muchas cosas que escaseaban. En las grandes ciudades, la luz era un bien muy accesible, pero seguía siendo escaso en las zonas rurales como la del valle del Tennessee. No era casualidad, sino que reflejaba la lógica básica de los negocios. El mercado de la electricidad lo dominaban monopolios privados. Este «trust de la electricidad» era famoso por negarse a suministrar luz a las comunidades que no consideraba rentables y por estafar a las que sí.

Los habitantes de Chattanooga decidieron, pues, arrebatarle su suministro de electricidad al sector privado. Votaron en masa a favor de una emisión de bonos municipales que financió la creación de un sistema municipal de distribución de electricidad llamado Consejo Eléctrico. No solo era público el servicio en sí mismo, sino también la corriente que fluía por él. El Consejo Eléctrico distribuiría la energía generada por la nueva Autoridad del Valle del Tennessee, una empresa federal creada por la administración Roosevelt para dotar de electricidad a la región.[1]

Setenta y cinco años después, Chattanooga inició un nuevo experimento de suministro público. En 2010 el Consejo Eléctrico (EPB, por sus siglas en inglés) empezó a ofrecer también acceso a la banda ancha. Para ser más exactos, ofrecía el servicio de banda ancha más rápido de Estados Unidos, un gigabit por segundo, lo que en aquel entonces era doscientas veces más rápido que la media nacional.[2] El apodo de la red, «la Gig», hacía referencia a la velocidad.

La historia de la Gig había empezado dos años antes, cuando el EPB —que aún hoy es uno de los servicios públicos eléctricos más grande del país— empezó a construir una «red eléctrica inteligente». Financiada mediante una emisión de bonos y una subvención federal, este proyecto prometía colocar sensores y otros dispositivos digitales que controlaran en tiempo real el sistema para que la red fuese más eficiente. Se detectarían más rápido los problemas, con lo que se reducirían los apagones y se mejoraría la fiabilidad.[3]

La red eléctrica inteligente no solo le ahorró dinero al EPB, sino que también le proporcionó la infraestructura necesaria para convertirse en un proveedor de internet. La red utilizaba un sistema de fibra óptica que permitía la comunicación entre los dispositivos de control. Ese mismo sistema se podía utilizar también para proveer internet. La velocidad de conexión era alta porque la fibra ya pasaba por las casas, una arquitectura conocida, evidentemente, como «fibra en casa». En vez de renquear por una línea telefónica ruinosa o por los «últimos metros» de un cable coaxial entre los habitantes de Chattanooga y sus proveedores, los datos viajaban a la velocidad de la luz. Chattanooga tenía la misma tecnología para su tráfico de datos que la que se utilizaba para lanzar paquetes entre continentes por las redes troncales de internet.

Desde entonces, la Gig es la banda ancha municipal más famosa de Estados Unidos. También se ha convertido en uno de los proveedores de internet más populares, ya que cobra tarifas razonables por una de las velocidades de conexión más rápidas del mundo.[4] Además, lo prioritario es el acceso, es decir, que las familias desfavorecidas pueden optar a un plan especial que ofrece un servicio de cien megabits por segundo a menos de la mitad del precio de la tarifa estándar.[5] La EPB lo hubiese ofrecido todavía más barato, pero una ley estatal prohíbe que se vendan servicios públicos por debajo del precio de coste para evitar la competencia desleal con las empresas privadas.[6]

La Gig es la red más famosa, pero no es la única. El Instituto para la Independencia Local estima que más de novecientas comunidades estadounidenses tienen un servicio público o cooperativo de redes. La mayoría son de propiedad municipal, como la Gig. Otras las operan cooperativas eléctricas y telefónicas cuyos orígenes se remontan a la época del New Deal, cuando la administración Roosevelt les concedió préstamos federales como parte de la misma campaña de electrificación rural que dio lugar a la creación de la Autoridad del Valle del Tennessee. Estas cooperativas son propiedad de sus miembros, que las controlan y son a la vez los usuarios de los servicios que ofrecen.[7]

Las «redes comunitarias» públicas y de cooperativas hacen cosas que los proveedores de internet no pueden hacer. Para empezar, proporcionan un mejor servicio a precio más bajo. Un grupo de investigadores de Harvard descubrió que «las redes comunitarias de fibra en casa suelen cobrar menos por servicios de acceso a la banda ancha» que los proveedores privados.[8] Esto es así porque, a diferencia de sus competidores, su objetivo no es enriquecer a los inversores. Pero sus tarifas asequibles también son el reflejo del importante hecho de que las redes comunitarias se guían por principios distintos. «Los proveedores de internet comunitarios consideran el acceso a internet de alta velocidad un objetivo en sí mismo y un medio para que la comunidad disfrute de otros beneficios», señalaban los investigadores de Harvard.[9] Dicho de otro modo: su preocupación eran las necesidades sociales como la conectividad universal, no la maximización de los beneficios.

Esto los vuelve extremadamente eficientes en lugares donde es difícil maximizar los beneficios, como la Dakota del Norte rural. Lo normal es pensar que el mejor servicio de internet del estado se encuentra en las ciudades, en Fargo, por ejemplo, pero en realidad está en las zonas rurales de los condados de Nelson (2.879 habitantes), Logan (1.850 habitantes) o Kidder (2.480 habitantes), donde el ciento por ciento de los habitantes acceden a velocidades de gigabit.[10] Un informe del Instituto para la Independencia Local concluyó que los habitantes de la Dakota del Norte rural tienen más posibilidades de acceder a la fibra en casa no solo que los habitantes de las ciudades, sino también que los estadounidenses en general.[11]

Esta historia empezó en 1990, cuando una coalición de cooperativas telefónicas de Dakota del Norte se asoció con un puñado de pequeñas empresas de telefonía para comprar más de sesenta centrales telefónicas rurales a una gran empresa de telecomunicaciones. Esta infraestructura se convirtió en los cimientos de una red de fibra estatal que las cooperativas utilizaron para conectar a sus comunidades con la ayuda de subvenciones federales. La Dakota del Norte rural, como cualquier región de esta índole, lleva mucho tiempo desatendida por los gigantes de la banda ancha por no ser lo bastante rentable.[12] Sin embargo, esto no ha impedido que los grandes proveedores de internet recauden grandes cantidades de dinero proveniente de la FCC a cambio de promesas de ampliar el acceso a las comunidades rurales que no suelen cumplir. Las empresas se quedan con el dinero y se niegan a invertirlo. Por el contrario, las cooperativas pueden llegar muy lejos con un poco de ayuda pública. Robin Anderson, un veterano de la escena cooperativa de Dakota del Norte, explicó que «nuestro objetivo no es enriquecer a los accionistas, sino ofrecer el mejor servicio posible y seguir invirtiendo en la red».[13]

El gobierno de las personas

Las redes comunitarias representan un modelo para una posible reorganización de los conductos de internet basado en las necesidades humanas. Sin embargo, deben funcionar dentro de ciertos límites; que sean públicas o estén organizadas como una cooperativa no las exime de las exigencias del mercado. Tienen que competir, vender un producto y obtener ingresos para sobrevivir. Pero la diferencia con las empresas privadas en cuanto a organización y propiedad les permite desviarse —a veces solo un poco, en otras ocasiones mucho— de la lógica de la acumulación.

Lo más importante es que no solo se trata de una cuestión de declaración de intenciones, sino que está basada en mecanismos jurídicos que aplican otras reglas de funcionamiento a las redes comunitarias con respecto a las privadas. Por ejemplo, la mayoría de las cooperativas rurales, como las de Dakota del Norte, están exentas de impuestos federales, ya que entran en la categoría de organizaciones 501(c)(12). Para conservar la exención, si obtienen beneficios de la venta de sus servicios tienen que entregárselos a sus miembros. Pueden cubrir los gastos derivados de la prestación de servicios, pero no acumular capital. También deben garantizar el control democrático de la cooperativa mediante elecciones periódicas para elegir el consejo de administración.[14]

Muy pocas de las redes comunitarias son tan democráticas como podrían serlo. En el mejor de los casos, permiten que sus usuarios decidan cómo las gestionan. Esta es la gran diferencia entre las redes comunitarias y sus rivales empresariales: no solo el hecho de que sean públicas o cooperativas, sino también el gobierno colectivo y la participación popular que estos modelos hacen posible. Para priorizar a las personas frente al beneficio económico hay que crear espacios donde estas puedan gobernar.

Un ejemplo especialmente destacado de este principio lo encontramos en Detroit, una de las ciudades peor conectadas de Estados Unidos. El estado lamentable de la banda ancha en esa metrópoli ilustra perfectamente hasta qué punto las desigualdades en el acceso a internet suelen estar muy ligadas a la raza: en una ciudad con el 80 por ciento de población negra,[15] más del 60 por ciento de los hogares desfavorecidos carecen de acceso a la banda ancha. Un abrumador 70 por ciento de los niños en edad escolar no tienen ningún tipo de acceso a internet en casa.[16]

Los coordinadores de la Iniciativa por un Internet Igualitario llevan trabajando desde 2016 para poner fin a esta crisis. Se trata de un programa del Detroit Community Technology Project (DCTP) que utiliza dinero recaudado y un enlace ascendente donado para dar acceso a internet a cientos de hogares de Detroit. Lo hace mediante un sistema de transmisores inalámbricos que envían una señal de internet a grupos comunitarios asociados en tres barrios de la ciudad, que a su vez los envían a las casas. Estos hogares no solo reciben internet gratis o a bajo coste, en función del poder adquisitivo de los residentes, sino que tienen acceso a una red privada, una intranet, en la que pueden comunicarse e intercambiar información sobre recursos locales como donaciones de comida y servicios de traducción. Durante la epidemia del COVID-19, cuando la conexión se volvió crucial, los coordinadores de la Iniciativa por un Internet Igualitario también crearon varios puntos de wifi en los tres barrios.[17]

«Si la infraestructura es propiedad de la comunidad, es más probable que esta participe en su mantenimiento, evolución e innovación», declaró Diana Nucera, la fundadora y antigua directora del DCTP, a la revista *YES!* Esta participación es bastante directa, ya que las personas responsables de la construcción y el mantenimiento de la red son los mismos residentes de los barrios, que han sido formados por el DCTP y las organizaciones que colaboran con ellos para ejercer de «administradores digitales». Estas figuras hacen de todo, desde instalar antenas inalámbricas y configurar rúters hasta explicar cómo funcionan ciertas tecnologías y cómo usarlas, especialmente a los vecinos de edad avanzada y con poca experiencia en el uso de internet.

Sin embargo, los administradores digitales no solo son técnicos, sino que también tienen formación como coordinadores comunitarios. Su educación es tanto técnica como política; su plan de estudios se basa en la obra de pensadores revolucionarios como Paulo Freire y Grace Lee Boggs.[18] Esto va en la dirección del objetivo esencial del proyecto, que trata no solo de aumentar las posibilidades de conexión de los vecinos más pobres de Detroit, sino también de crear las condiciones para una conexión real. Uno de los principios de la Iniciativa por un Internet Igualitario es: «Trabajamos para que en el futuro los vecinos estén verdaderamente conectados y mantengan relaciones de apoyo mutuo que sirvan de base para la salud social, económica y medioambiental de los barrios».[19]

Este enfoque dista mucho de las estrategias tecnocráticas dirigidas a cerrar la «brecha digital» que solo buscan ampliar el acceso y piensan que será suficiente para abolir la pobreza, una fantasía que el académico Daniel Greene denomina «la doctrina del acceso».[20] La conectividad es esencial, pero también lo es transformar la manera en que las personas se conectan. Conectar más usuarios a un internet privatizado no cambia cómo se organiza internet y quiénes lo poseen, y menos aún cómo se entra en contacto con este. Los coordinadores de Detroit están buscando otra forma de establecer dicha conexión, y en ese proceso están desafiando a la privatización en dos sentidos. Una red comunitaria que ofrece un servicio gratuito o muy barato a sus usuarios es un modelo de organización de los conductos de internet muy diferente al que se ha venido imponiendo desde 1995. Esta iniciativa pone en entredicho el supuesto, que lleva mucho tiempo dominando en los círculos políticos, según el cual internet debe estar controlado por empresas privadas y gestionado para maximizar los beneficios. Gracias a la Iniciativa por un Internet Igualitario, los habitantes de Detroit que en otras circunstancias no podrían pagarse un servicio de internet pueden buscar los horarios del autobús y hacer videollamadas con sus nietos; tienen acceso a un recurso que necesitan para ejercer un control significativo de sus vidas.

Pero, al integrar la red en un esfuerzo de organización comunitaria, la Iniciativa por un Internet Igualitario también está, sutilmente, subvirtiendo la privatización. El modo en que se operó internet en los años noventa y quién lo hizo también incentivaron una manera de experimentarlo, es decir, en privado. La privatización no solo describe el proceso político por el cual internet se convirtió en un negocio, sino un proceso social por el que la interacción de las personas con internet estaba diseñada para el beneficio de las empresas. Los consumidores pasivos y aislados son el último eslabón de este proceso: una serie de individuos atomizados frente a pantallas relucientes.

Los coordinadores de Detroit proponen otra posibilidad. Están construyendo una red que conecta a las personas mediante relaciones de confianza, apoyo e interés mutuo, todo ello basado en una relación de cuidado tanto de la infraestructura colectiva como de las personas que la utilizan, que ni son pasivas ni están aisladas. Son participantes activos de la creación, el mantenimiento y el gobierno de su infraestructura, como miembros de un colectivo. Los coordinadores creen que las relaciones que conforman esa colectividad pueden ser la base de un movimiento de transformación social.[21] Pueden formar los nervios que el músculo coordinador necesita para garantizar una independencia real para las personas desfavorecidas y pobres que viven en Detroit. La independencia y el autogobierno en la esfera digital, así como la solidaridad que generan, son un punto de partida para conseguir esa libertad en todos los aspectos de la vida social.

Servir de ejemplo

La mera existencia de redes públicas y cooperativas en lugares como Chattanooga, Dakota del Norte y Detroit constituye una crítica al modelo que prioriza el mercado, porque atienden a comunidades excluidas, ofrecen servicios asequibles y accesibles, y permiten que la comunidad controle el funcionamiento de la infraestructura. Quizá por eso los proveedores de internet se han gastado tanto dinero en intentar destruirlas. En un estado tras otro, las empresas de telecomunicaciones han presionado a los legisladores para que aprueben leyes que impidan que las comunidades creen sus propias redes. Fruto de esos esfuerzos es la prohibición de la banda ancha municipal en dieciocho estados.[22] Otra táctica muy utilizada son las demandas, que retienen a las empresas comunitarias en los juzgados y las asfixian con costes judiciales. Así fue como Comcast intentó, sin éxito, desmantelar la Gig de Chattanooga.[23]

El ardor con el que los gigantes de la banda ancha llevan a cabo su cruzada contra las redes comunitarias puede parecer excesivo. Al fin y al cabo, son empresas que cotizan en Bolsa con tasaciones que superan los cientos de miles de millones de dólares. Sus contrincantes son diminutos si se les compara con ellas, y no representan ninguna amenaza a sus cuotas de mercado. Pero estas empresas son lo suficientemente inteligentes para advertir que la amenaza se puede materializar si las personas empiezan a considerar las redes comunitarias como una alternativa viable al modelo privado. Los profesores Victor Pickard y David Elliot explican que «lo que el cártel de la banda ancha teme no son las pérdidas de cuota de mercado a corto plazo, sino la amenaza que supone a largo plazo».[24] El peligro real es el efecto mimético. Una red comunitaria que funciona de forma correcta podría ayudar a volver creíble una hipótesis que se ha intentado negar durante décadas de privatización: que existe una alternativa a la manera de gestionar los conductos de internet.

El neoliberalismo es, entre otras cosas, un cierre forzoso de la imaginación política. «No hay alternativa», el eslogan que Margaret Thatcher popularizó, es uno de sus gritos de guerra. Esta afirmación se disfraza de simple descripción de la realidad, pero esta última solo puede materializarse si se excluyen deliberadamente las alternativas. A los políticos neoliberales se les da bien crear pruebas de sus creencias cuando están en el poder. Por ejemplo, socavan ciertas funciones estatales y les retiran la financiación para luego señalar los fallos que se producen a continuación como prueba de que el Estado no puede hacerse cargo de esas funciones.

La privatización de los conductos de internet en los años noventa tuvo lugar en ese contexto político. Las alternativas a la privatización existían, pero no se tomaron en serio. El nivel de consenso acerca de la mercantilización máxima, consolidada por las empresas que pretendían lucrarse del proceso, hizo que pareciera inevitable. La alquimia de la ideología convirtió en necesario y natural un resultado totalmente contingente.

Las redes comunitarias nos dan la oportunidad de revisar y darle la vuelta a la historia; son la base de una alternativa real que se construye en los límites y las brechas de nuestro sistema corporativizado cuando las comunidades encuentran soluciones creativas para satisfacer sus necesidades. Un internet democrático no es un ideal con el que la realidad deba reconciliarse, sino algo que ya se está llevando a la práctica. No es un programa que se instaure desde arriba, sino una serie de experimentos que emergen desde abajo. Aun así, estos experimentos son limitados; si existe la posibilidad de que se cristalicen en una organización totalmente nueva, hay que defenderlos, ampliarlos y fomentarlos.

Defender y expandir

La defensa de las redes comunitarias empieza con la derogación de las leyes que las empresas de telecomunicaciones han diseñado para sabotearlas. En 2015 la FCC demócrata dio un paso en esta dirección y anuló las leyes de Carolina del Norte y Tennessee que prohibían a las empresas municipales de banda ancha ampliar el área de sus servicios. Pero un tribunal federal de apelaciones bloqueó esta medida, alegando que la agencia carecía de autoridad. Haría falta una ley del Congreso para desmantelar los bloqueos del cártel de la banda ancha.[25]

Con todo, eliminar los obstáculos no equilibraría la contienda. Aunque ya no estuvieran paralizadas por legislaturas hostiles, las redes comunitarias seguirían compitiendo contra grandes empresas con muchos recursos. En este caso, la defensa no era el mejor ataque, las redes también tenían que expandirse.

Bernie Sanders y Elizabeth Warren trazaron planes para que así fuese durante las primarias presidenciales del Partido Demócrata celebradas en 2020. Warren propuso financiar con 85.000 millones de dólares a cooperativas, ayuntamientos, organizaciones sin ánimo de lucro y tribus para que construyeran infraestructura para una «banda ancha pública de alta velocidad».[26] Sanders solicitó 150.000 millones de dólares de becas y asistencia técnica para que los municipios y los estados «construyeran redes de banda ancha de gestión pública y democrática, y de libre acceso y cooperativas».[27] Sanders vinculó su propuesta al Green New Deal, ya que las mismas redes que proporcionan acceso a internet pueden servir de apoyo a redes eléctricas inteligentes que mejoren la eficiencia energética, como es el caso de Chattanooga.

Este tipo de apoyo es indispensable para sacar de los márgenes a las redes comunitarias y llevarlas a un uso masivo. Podría servir para modernizar redes ya existentes y crear otras nuevas. En la medida de lo posible, las nuevas deberían establecerse en instituciones que ya cuenten con conocimientos técnicos, infraestructura o relaciones con la comunidad; por ejemplo, una cooperativa eléctrica y telefónica con miles de socios constituiría una mejor red comunitaria que una creada desde cero.

Los gobiernos municipales también tienen un gran potencial, y muchos ya han creado redes de uso interno para disminuir sus costes de telecomunicación. Washington D. C. dispone de una red de fibra municipal que presta servicio a organismos gubernamentales y a cientos de organizaciones comunitarias sin ánimo de lucro, como clínicas de salud, refugios para personas sin hogar y centros de asesoramiento, a cambio de unas tarifas reducidas. La ciudad también vende el uso de su red a los proveedores que quieren llevar internet a los hogares, en particular en las zonas más descentralizadas.[28] No hay razones para que la red no pueda expandirse y llegue a los barrios más alejados del centro de Washington, excepto la de que la ciudad ha firmado acuerdos de licencia con proveedores comerciales como Verizon y Comcast, los cuales se lo prohíben.[29]

Aun cuando existen las bases sobre las que construir, se necesita financiación pública, pero esta no debería darse sin condiciones; habría que exigir a los beneficiarios que adoptasen determinadas prácticas y prioridades, con la vista puesta en desarrollar lo que más distingue a las redes comunitarias: su carácter democrático.

De esta manera, los planes de Sanders y de Warren estipulan que cualquier red que reciba fondos públicos debe cumplir unos requisitos mínimos de velocidad y ser asequible. Pero este enfoque puede llevarse más lejos, hasta el punto de reorganizar las redes y su funcionamiento. Los investigadores Thomas M. Hanna, Mathew Lawrence, Adrienne Buller y Miriam Brett proponen exigir a los receptores de financiación pública que «adopten valores y prácticas democráticas y participativas».[30] Esto puede conducir a que las redes creen un consejo de gobierno de delegados destituibles, elegidos por la comunidad, o incluso a que se pongan en marcha programas participativos que permitan a los miembros de la comunidad determinar cómo se distribuyen los recursos.

Otra de las ventajas de la financiación pública es que puede disminuir los costes para los usuarios, lo cual es crucial dada la cantidad de personas que no tienen acceso a internet porque no pueden permitírselo. Según el Pew Research Center, la mitad de los que carecen de acceso a la banda ancha en casa dicen que es porque la tarifa mensual es demasiado cara.[31] Las redes comunitarias pueden hacer que el acceso resulte más asequible, aunque en general no sea gratuito.

Pero ¿y si ofrecieran un servicio gratuito? Hanna, Lawrence, Buller y Brett recomiendan el uso de dinero público para este fin. No solo se abonarían los costes de la instalación de fibra, sino también los del funcionamiento de las redes, pero solo a condición de que «avancen hacia la prestación de servicios gratuitos o a precios muy bajos».[32]

Es algo factible, dado que, una vez construida la infraestructura de la fibra, no cuesta mucho operarla. Esto es así porque la fibra es más fiable y resistente que el cobre o los cables coaxiales, con lo cual requiere menos mantenimiento y también necesita menos energía. La fibra es, de hecho, la red más barata; un estudio de 2020 de la Asociación de Fibra de Banda Ancha concluyó que los gastos anuales de explotación de una red FTTH eran la mitad de los de una red de internet por cable.[33] El sector público podría asumir los costes mediante la financiación de redes comunitarias. La conexión a internet dejaría de ser un producto y se convertiría en un bien social, accesible para todos, como cualquier otro derecho.

Cablear un ecosistema

Las redes comunitarias ya tienden a priorizar a las personas por encima de los beneficios, pero para que sea más que una tendencia tiene que cultivarse y consolidarse con políticas públicas. Si esto ocurre, los experimentos locales responsables de las redes públicas y cooperativas pueden convertirse en las semillas de un internet diferente, de uno desprivatizado en el que todas las personas tengan acceso a los recursos que necesitan para llevar vidas independientes y libres en las que poder tomar las decisiones que les afectan.

Conceder fondos a las redes comunitarias si cumplen ciertas condiciones no es la única manera de utilizar el poder del sector público. Otra herramienta útil es la adquisición, es decir, el proceso por el cual los organismos gubernamentales compran lo necesario para ejercer sus funciones. Una de esas necesidades es una conexión a internet, así que ¿por qué no le podrían comprar esa conexión a una red comunitaria en vez de a un proveedor como Comcast? Esto constituiría un éxito considerable. Casi veinte millones de personas trabajan en gobiernos estatales o locales de Estados Unidos; en muchas ciudades, el sector público es el que más empleados tiene.[34]

Los hospitales y las universidades también suelen tener una fuerte presencia en las economías locales. Un estudio de 2021 concluyó que eran las instituciones que emplean a más personas en veintisiete estados.[35] Ya sean públicas o privadas, todas reciben dinero público y se benefician de exenciones de impuestos. ¿Y si, a cambio, estuviesen obligadas a comprar su acceso a internet a redes comunitarias? Sus cuotas de suscripción podrían contribuir a sufragar los costes de ofrecer a los hogares un internet gratuito que partiese de la misma fibra.

Estas relaciones no tendrían que estar limitadas a las redes comunitarias; de hecho, podrían respaldar todo un ecosistema de nuevos tipos de organización económica. Esta es la idea que subyace a lo que los pensadores Joe Guinan y Martin O'Neill llaman «creación de riqueza comunitaria», una estrategia para aumentar «la propiedad colectiva y democrática de la economía local» recurriendo a los presupuestos de contratación de «instituciones faro» públicas y semipúblicas.[36] El modelo al que se refieren son las Cooperativas Evergreen de Cleveland, un grupo de cooperativas de trabajadores que cuentan con una lavandería, un invernadero, una empresa de energía solar cuyos clientes son dos centros médicos, una universidad y el ayuntamiento, entre otros. Otra fuente de inspiración es Preston, una ciudad de Reino Unido que ha llevado a cabo una serie de experimentos similares a mayor escala.

La integración de las redes comunitarias en este tipo de planes estimularía su economía y reforzaría los valores democráticos que deberían definirlas, valores que se oponen al poder inhumano del ánimo de lucro y fomentan la posibilidad de que las personas se gobiernen a sí mismas, juntas. La cuestión no es reemplazar el cártel de la banda ancha con un montón de Comcast comunitarias, sino con organismos de otro tipo.

Pequeño no siempre es sinónimo de bonito

Aunque las redes comunitarias son cruciales, no se puede contar con ellas para todo, ya que su fuerza, el hecho de que estén enraizadas en un lugar en particular, es también el origen de una cierta debilidad.

Las redes comunitarias están, como su propio nombre indica, radicadas en el seno de comunidades específicas. El tamaño de la zona de servicio es variable —a veces cubren barrios y en otras ocasiones condados—, pero en general la «comunidad» en cuestión es bastante local, lo cual tiene varias ventajas. El debate y la toma de decisiones democrática se llevan a cabo en persona y con una escala manejable. Se establecen relaciones entre las distintas personas que controlan la red colectiva, lo cual fomenta la confianza, y también se toman en consideración las circunstancias locales, constituidas por las características únicas del entorno natural o del ambiente social.

No todas las redes comunitarias pueden o deben parecerse a proveedores de internet; las topologías o las tecnologías de las redes dependen de los requisitos de su comunidad. Puede que algunos quieran optimizar la resiliencia con una red en malla, que usa conexiones directas entre nódulos para minimizar fallos. Esto es muy útil en caso de catástrofe, ya que si queda algún nódulo funcionando la comunicación no se corta. Cuando el huracán Sandy inundó el barrio de Red Hook, en Brooklyn, en 2012, se fue la luz y los teléfonos móviles dejaron de funcionar, pero la red en malla no sufrió las consecuencias del corte, con lo cual los residentes siguieron conectados y pudieron coordinar las acciones de emergencia.[37]

El localismo goza de muchas ventajas, pero también riesgos importantes. La comunidad no debería idolatrarse. El «control local» tiene una larga y racista historia en Estados Unidos. Bajo este concepto, muchas comunidades se han opuesto a la integración escolar, han bloqueado proyectos de vivienda pública y acaparado dinero público en lugares poco necesitados. Hay comunidades ricas y pobres, y las primeras suelen conseguir mantener sus ventajas y no cedérselas a las segundas. La descentralización no es inherentemente democrática; sirve tanto para concentrar el poder como para distribuirlo.

Lo ideal sería llegar a un punto medio que nos permitiese conservar las ventajas de lo local y mitigar sus riesgos mediante intervenciones a escala regional y nacional. Alcanzar este difícil equilibrio sería una forma de evitar, por un lado, la fragmentación excluyente y, por el otro, la tecnocracia vertical. Si bien este enfoque se basa en preocupaciones políticas —la necesidad de garantizar una conexión de alta calidad para todo el mundo, sin importar dónde viva—, también hay consideraciones técnicas que atender. No se puede transformar internet solo en el ámbito local, porque no es ni local, ni nacional, ni global, sino una combinación compleja de los tres. Opera a muchas escalas diferentes, y así es como debería plantearse cualquier proyecto capaz de transformarlo.[38]

Puede que pienses en esas escalas en función del tamaño —barrio, ciudad, región, mundo—, pero también hay que pensar en ellas en función de la profundidad. Imagina que estás en un planeta. Si quieres ir a algún lugar cercano, puedes caminar por la superficie, pero si quieres ir lejos —al otro lado del planeta, por ejemplo— quizá tenga más sentido cavar un túnel que lo atraviese. De la misma manera, cuanto más lejos viajen tus datos por internet, a mayor profundidad estarán las redes por las que pasen. Si un ordenador de Chattanooga quiere comunicarse con un servidor de Lagos, sus paquetes pasarán por el núcleo del sistema.

El núcleo del sistema es un lugar extraño. El escritor Andrew Blum lo llama «el internet provisional», una zona intermedia poblada por pocos humanos y mucha maquinaria muy cara.[39] Para llegar a esa zona, las redes comunitarias pagan la conexión a proveedores más grandes en unas instalaciones llamadas «puntos de intercambio de internet». Es el lugar donde estantes llenos de rúters y algunos técnicos orquestan la compleja trayectoria de los datos en el país y en el mundo, donde conectan el último tramo con el primero, los afluentes con las redes troncales, dentro de edificios anodinos protegidos por varios niveles de seguridad.

Es ahí donde se ensamblan las diferentes escalas de internet, y el trabajo manual tiene consecuencias considerables en la última etapa. ¿Qué tráfico será prioritario? ¿Qué regiones tendrán un mejor servicio? Mientras las empresas privadas detenten el control de las redes en los núcleos, estas preguntas seguirán contestándolas ejecutivos e inversores, y siempre pensando en los beneficios que puedan obtener. Democratizar internet implica convertir también sus pasillos más profundos en lugares donde gobiernen las personas, no el lucro.

De hecho, esto podría convertirse en una exigencia práctica. Si las redes comunitarias empiezan a ganarles terreno a los proveedores de internet, puede que el cártel de la banda ancha utilice su poder para bloquear la ruta ascendente. De las cuatro empresas que acumulan el 76 por ciento de las suscripciones a internet en Estados Unidos, tres también operan redes troncales. Podrían negarse a trabajar con las redes comunitarias y dejarlas a la deriva. Este es el legado de la privatización, una dictadura empresarial que regenta la infraestructura esencial. Puede que la creación de alternativas sea la única esperanza para que las redes comunitarias alcancen su máximo potencial.[40]

El Green New Deal podría constituir una posibilidad para que esto ocurra. Hay activistas por el clima pidiendo una red eléctrica nacional que distribuya eficazmente energía renovable en Estados Unidos. «Cuando las nubes tamizan el sol de California, el viento de Texas puede cargar los autobuses de Los Ángeles; cuando se pone el sol en Georgia, los vientos costeros del litoral oriental podrían dar luz a las farolas de Atlanta», escriben Kate Aronoff, Alyssa Battistoni, Daniel Aldana Cohen y Thea Riofrancos en su libro *A Planet to Win*.[41] Dicha red podría volverse «inteligente» si se tendiese fibra en ella, que a su vez podría ser la base de una nueva red troncal desprivatizada que proporcionase un servicio a las redes comunitarias de todo el país. Un organismo federal podría gestionar la red troncal, o quizá una federación de cooperativas, en la que cada una se encargase de un aspecto o de una filial de la red. Si fuese necesario, su huella podría prolongarse adquiriendo los miles de kilómetros de fibra «oscura» inutilizada que está enterrada por todo Estados Unidos y ampliarse al extranjero por medio de una hebra de un cable submarino.[42]

Esto puede parecer poco práctico, utópico incluso. Una cosa es defender y extender las redes comunitarias y otra muy distinta es asaltar las fortalezas que rodean el núcleo. Pero si el esfuerzo por desprivatizar los conductos de internet se sigue limitando a un segmento, no sobrevivirá, sus enemigos se servirán de su aislamiento para socavarlo, ejerciendo su control sobre el núcleo de internet para destruir la experimentación democrática que tiene lugar en los márgenes. «Quien deja una revolución a medias se cava su propia fosa», dice Robespierre en la obra *La muerte de Danton*, de Georg Büchner.[43] Una revolución no puede pararse, pues de lo contrario sus victorias serán pírricas, parciales y fáciles de revertir.

4

Desde abajo

Desde los márgenes hasta el núcleo, desde los barrios hasta las redes troncales, crear un internet democrático debe ser un trabajo en movimiento. Esto es lo que faltaba en los años noventa, y su ausencia permitió al sector impulsar privatizaciones especialmente drásticas. No fue por falta de ideas, ya que los activistas las tenían, sino de poder. Había otras posibilidades, como la del «carril púbico en la autopista de la información», pero no existía el instrumento para llevar a la práctica esas posibilidades. Hubiesen hecho falta movimientos masivos de personas dispuestas a llevar a cabo acciones de desobediencia civil que superasen la oposición del sector y de sus fieles representantes en la administración.

Para que esto ocurra, es necesario mucho diálogo. Los movimientos se crean a base de organización, y esta consiste básicamente en conversaciones sobre los problemas de las personas, de dónde provienen y cómo solucionarlos. Los organizadores escuchan, exponen argumentos y abordan las preocupaciones que surgen.

En cuanto a la desprivatización de los conductos de internet, surgen tres preocupaciones. La primera es cuánto puede costar una empresa así. ¿Cómo vamos a pagarla?

Para empezar, vale la pena señalar que ya pagamos mucho dada la tesitura actual; el cártel de la banda ancha recibe con regularidad inyecciones de fondos públicos. Aunque parezca mentira, la justificación de esa financiación es que permita ampliar el acceso. Dicho de otra forma, la estrategia predilecta de los responsables políticos para resolver la crisis de la conectividad es destinar cantidades ingentes de dinero público a las empresas que la causan. Como dijo un miembro del Detroit Community Technology Project, «estamos intentando cerrar la brecha digital pagándoles a Comcast y a AT&T, que son las responsables de la brecha».[1]

Hay varios programas federales e iniciativas a escala local y estatal que conceden miles de millones de dólares en subvenciones, exenciones fiscales y otros incentivos a las empresas proveedoras de internet con la esperanza de impulsar la inversión en banda ancha. Por ejemplo, el Servicio de Fondos Universal de la FCC, financiado por un impuesto aplicado a los proveedores, que en la práctica equivale a un impuesto a los consumidores, ya que suele aparecer como un cargo adicional en las facturas telefónicas de los estadounidenses. El dinero luego se distribuye entre los proveedores como préstamos y subvenciones que supuestamente deben financiar proyectos como la propagación de la banda ancha a zonas rurales.[2]

El problema de este funcionamiento es que los proveedores se quedan con el dinero y no lo redistribuyen. Concederles dinero público a empresas privadas suele enriquecerlas, mientras que los beneficios públicos no obtienen mucho rédito. Por citar un ejemplo, un proveedor importante llamado CenturyLink empezó recibiendo 505,7 millones de dólares del Servicio de Fondos Universal para costear el despliegue de la banda ancha en zonas sin servicio en 2015. Cinco años después, la empresa le comunicó a la FCC que solo había llevado a cabo las acciones requeridas en diez estados de treinta y tres, es decir, menos de un tercio.[3] En esos años, el director ejecutivo de CenturyLink fue uno de los mejor pagados del sector, y en 2018 llegó a cobrar 35,7 millones de dólares.[4]

Estas cantidades de dinero son considerables. Según el analista político Daniel Hanley, la FCC y el Departamento de Agricultura dieron más de veintidós mil millones de dólares a las empresas proveedoras de internet para impulsar la conectividad rural en un periodo de cuatro años, de 2013 a 2017. Y, en enero de 2020, la FCC prometió conceder otros veinte mil millones de dólares en diez años con el mismo propósito, pero, como Hanley señala, «la estrategia de otorgar sumas millonarias a las empresas privadas para que construyan banda ancha no funciona».[5] Puede incluso que en el fracaso de la estrategia esté el sentido de todo; mientras millones de personas sigan sin conexión o con una conexión deficiente, el dinero público continuará entrando. Los arrendadores abusones de internet pueden seguir cobrando si prometen arreglar los problemas que ellos mismos han creado.

Sería mejor invertir ese dinero en la construcción de redes públicas y cooperativas, así como en proporcionar asistencia técnica continua para garantizar que las redes ofrecen un servicio gratuito, o lo más barato posible. Aun así, serían necesarias otras fuentes de ingresos. Se podría recuperar la estructura de tarifas propuesta por los defensores del «carril público» de internet de los años noventa. Las empresas pagarían más por el acceso, sobre todo las grandes, y los particulares pagarían menos o nada. Otro enfoque sería aplicar un impuesto a las grandes empresas tecnológicas como Google y Facebook sobre los servicios digitales de publicidad en línea. Esta sería una fuente importante de riqueza; los ingresos combinados de Google y Facebook ascendieron a más de 230.000 millones de dólares en 2019, la mayoría procedentes de la publicidad.[6] El académico David Elliot Berman propone una tercera posibilidad: gravar a Comcast, Verizon y otros miembros del cártel de la banda ancha, ya que «son los responsables de su pésimo estado en Estados Unidos, deberíamos hacerles pagar para que la arreglen».[7]

La competencia está sobrevalorada

Puede que se presente otra preocupación. Un sistema de redes comunitarias que proporcionen un servicio gratuito o muy barato llevaría probablemente a la bancarrota a las grandes empresas de telecomunicación, sobre todo si las segundas pagan impuestos que sirven para subvencionar a las primeras. ¿No sería eso competencia desleal? La respuesta es afirmativa, y no pasa nada.

La competencia suele presentarse como la solución a los problemas que padece Estados Unidos con la banda ancha, pero muchos de los defensores de las redes comunitarias consideran que son una manera de presionar a los proveedores de internet y de obligarles a mejorar su servicio. Y es verdad que crear mercados más competitivos para internet sería beneficioso. Numerosos estudios muestran que la competencia favorece los precios bajos y la alta velocidad.[8]

Pero la competencia es una estrategia burda, tiene sus límites. Un estudio de la consultora Analysis Group realizado en 2016 analizó el precio del acceso a la banda ancha en un periodo de cuatro años en cien mercados locales y concluyó que los grandes beneficiarios de la competencia fueron quienes contrataron los planes más caros y la mayor velocidad, ya que sus tarifas cayeron un 35 por ciento cuando el mercado pasó de tener uno a dos proveedores. No es más que un informe, pero ilustra una cuestión más amplia: la competencia funciona en el caso de los clientes por los que vale la pena competir. Muchas personas son y serán «malos» clientes por mucha competencia que exista, porque son demasiado pobres o viven en zonas demasiado aisladas para ser rentables. Además, mejorar el servicio en esas comunidades suele requerir inversiones en infraestructura tan altas que no valen la pena.[9]

Por suerte, se pueden reducir los precios y aumentar las velocidades a la vez que se amplía el acceso si se usa el poder del sector público para ampliar e implantar redes comunitarias. Estas cuentan con la ventaja de que el control de su funcionamiento está en manos de los usuarios, algo que no pueden ofrecer las empresas privadas, por mucha competencia que haya. Este control es esencial, ya que, entre otras cosas, significa que los usuarios pueden imponer unos mínimos en cuanto a velocidad y fiabilidad, así como intervenir para impedir que la red incurra en prácticas depredadoras con sus datos.

Estas prácticas reflejan otro problema que la competencia no ayuda a resolver. Un proveedor que se enfrenta a la presión de sus rivales comerciales podría espiar en el historial de búsqueda de sus usuarios para vender esa información a los anunciantes o violar la neutralidad de la red creando «carriles rápidos» para cierto tipo de contenido. De hecho, la presión de la competencia obliga a las empresas a incurrir con frecuencia en esas prácticas, ya que buscan ingresos adicionales para compensar la disminución de los márgenes de beneficio.[10]

Tampoco podemos confiar en la idea de que el consumidor tiene a su disposición más opciones, entre otras cosas porque es un concepto que no encaja bien en lo tocante al acceso a internet. No hay muchos colores, sabores o estilos. Todo el mundo quiere lo mismo: una conexión lo más rápida y fiable posible al precio más bajo. Es básicamente un sencillo problema de optimización, y si la red comunitaria ayudara a las personas a solucionarlo es dudoso que añorasen la experiencia de compra con un proveedor. El acceso a internet ya no es una elección, sino un bien tan esencial para la vida de la mayoría de las personas que se parece a la vivienda o a la sanidad, es decir, cosas que la gente no puede decidir si consume o no. Por eso mismo tiene más sentido considerar los costes asociados a la conexión a internet como un impuesto (regresivo en este caso). ¿Por qué no hacer que el impuesto sea más justo y que las que más paguen sean las empresas que más se beneficien de internet?

Para los partidarios de dejar la elección en manos del consumidor, esta es importante no solo por razones subjetivas, sino también objetivas. La elección del consumidor es la chispa que pone en marcha el motor de la competencia; las personas deciden consumir un producto en vez de otro, y cuando lo hacen expresan preferencias. A medida que esas preferencias agregadas se traducen en mayores ingresos para la empresa que comercializa ese producto, la disciplina del mercado obliga a todas las demás empresas a tener cierto comportamiento: bajar los precios, mejorar la calidad o hacer lo necesario para atraer a los consumidores.

Esta es la descripción de cómo funcionan los mercados competitivos en el capitalismo, pero es también una teoría del poder según la cual la mejor manera en que los seres humanos pueden ejercer poder sobre las condiciones que rigen su vida es mediante su capacidad como actores del mercado. Si quieren un mejor servicio de internet, pueden inclinarse por consumir otras opciones. Y, si las condiciones del mercado son lo suficientemente competitivas, las señales que esas elecciones transmitirán acabarán dando como resultado mejoras en el servicio.

En la práctica, esta es una forma muy débil de poder. Condena a las personas a desempeñar un papel pasivo con muy poco margen de acción. En el mejor de los casos son semáforos cuyas señales pueden influir en la producción y las inversiones de las empresas a distancia. Ese tipo de influencia está muy limitada; la competencia puede reducir las tarifas y aumentar la velocidad, pero muchas personas acaso sigan sin poder permitirse el servicio o vivan en lugares en los que no es rentable invertir. Mientras tanto, las empresas siguen trabajando para sus inversores, no para las comunidades que dependen de ellas. No hay garantías de que las personas tengan acceso a los recursos que necesitan para vivir vidas independientes; desde luego, no podrán participar en la toma de decisiones que les afectan.

Este es otro ejemplo de cómo el capitalismo empobrece nuestra imaginación política. Como explica Wendy Brown, el neoliberalismo «configura exhaustivamente a los seres humanos como actores de mercado, como *homo economicus*, siempre, únicamente y en todas partes».[11] Pero hay otra forma de pensar en el significado de ser humano: el *homo politicus*, el ser humano como un animal político, lo que Aristóteles tenía en mente cuando escribió que el hombre es «por naturaleza un animal destinado a vivir en una polis».[12] El *homo politicus* no ejerce su poder de modo indirecto e individual, como un flujo aislado de señales de mercado, sino de forma directa y colectiva, como un colegislador de su mundo social. Las personas discuten, debaten, deliberan y deciden juntas cómo gobernarse a sí mismas. El *homo politicus* posibilita la democracia.

Máquinas espía

La última preocupación está ligada a la vigilancia estatal, que es una característica omnipresente de la vida en línea. La administración de Estados Unidos dirige una maquinaria de espionaje de gran alcance, como probaron las revelaciones de Edward Snowden en 2013. Cualquier plan de incrementar el poder del sector público para transformar internet suscitará temores de que la vigilancia estatal también aumente, o de que permita al Estado otro tipo de represión, por ejemplo, bloquear el acceso a páginas consideradas subversivas o suspender por completo el acceso a internet, como hace a menudo el Estado indio, sobre todo en la región fronteriza de Cachemira.[13]

Pero el espionaje estatal, la censura y los bloqueos también son plenamente factibles en un sistema privatizado. Lo cierto es que los gobiernos hacen lo que quieren, sin importar a quién pertenezca la infraestructura de internet. El Departamento de Seguridad Nacional interviene en los cables submarinos de fibra para espiar los paquetes que pasan por ellos;[14] el hecho de que esos cables los controlen empresas privadas no supone ningún obstáculo. Lo mismo ocurre con los bloqueos de internet; en India y otros países, el Gobierno obliga a menudo a los proveedores privados a suspender el servicio.

El autoritarismo digital y la propiedad privada son totalmente compatibles. No hay motivos para pensar que un internet con más redes municipales, o incluso con una red troncal federal, haría más felices a los gobiernos autoritarios que uno completamente privatizado. No es una cuestión del poder del Estado sobre los conductos, porque siempre lo tiene, sino de cómo se usa ese poder, y hay precedentes que nos demuestran que se puede usar positivamente.

De hecho, ya tenemos un buen ejemplo de red pública que hace de la privacidad su prioridad: el servicio postal.

El servicio postal fue la primera red de comunicación en Estados Unidos y, desde el inicio de su actividad, la confidencialidad de los mensajes fue una prioridad de su funcionamiento cotidiano. En 1782 el Congreso Continental, que seguía en guerra con los británicos, aprobó un decreto que prohibía a los empleados del servicio postal abrir la correspondencia. En 1792 el Congreso del entonces independiente Estados Unidos incluyó esta prohibición en el estatuto que permitió la creación oficial del servicio postal.[15] «La premisa ideológica de que el control de la red no le daba automáticamente al Gobierno derecho a usarlo con fines de vigilancia fue inherente al servicio postal estadounidense desde su creación», escribe el académico Anuj C. Desai.[16] Según él, esta premisa se inspiraba en la interpretación de la Cuarta Enmienda, que es la base de la ley de privacidad moderna.

La historia del servicio postal no es intachable. Bajo la dirección del Congreso, ha ejercido varias veces como agente censor del Estado, como cuando la represiva Ley de Espionaje de 1917 les dio a los funcionarios del servicio postal libertad para bloquear la circulación de publicaciones consideradas perjudiciales para el esfuerzo bélico. Aun así, el principio perdurable de la privacidad postal demuestra que es posible que las redes públicas respeten los derechos de sus usuarios.

Las leyes y los reglamentos son útiles, pero no suficientes. La mejor manera de garantizar que las instituciones públicas estén al servicio de las personas es la presencia de estas en aquellas. Los estados tienden a concentrar el poder y a distribuir hacia arriba la autoridad de la toma de decisiones. La democratización significa mover el poder en la dirección opuesta, en dirección descendente y centrífuga. Ello implica redefinir el modo en que el sector público funciona a todos los niveles e introducir lo que los investigadores Andrew Cumbers y Thomas M. Hanna llaman «estructuras de gobierno inclusivas y expansivas».[17] Estas estructuras podrían depositar el poder en manos de quienes más tienen en juego: los usuarios de servicios públicos, habitantes de comunidades y trabajadores del sector público, entre otros. Contar con el Estado para conseguir que los conductos de internet sean más democráticos requiere la creación de un Estado diferente, «arraigado en grupos de presión populares de los que se nutre constantemente y que lo presionan activamente», en palabras de Stuart Hall.[18] Solo un Estado con esas características podría ayudar a erradicar el régimen instalado por la privatización y reemplazarlo por algo mejor.

Sin embargo, el reino de este régimen se extiende más allá de los conductos. El proceso de privatización iniciado en los años noventa ascendió por el montón, por los cables y rúters del sótano de internet hasta los pisos superiores. Y podría decirse que esta es la etapa más importante, ya que es en la parte superior donde más dinero se gana y más poder se acapara. Cuando escribo estas líneas, el valor de Comcast asciende a 260.000 millones de dólares y el de Google, a más de 1,7 billones. Las empresas de telecomunicaciones son grandes, pero las llamadas «plataformas» son criaturas de otras dimensiones. Es en la parte superior del montón donde la privatización ha tomado un rumbo más complejo y creativo. La cuestión no era cómo ganar dinero conectando a las personas a internet, sino cómo ganarlo con lo que hacían una vez conectadas.

Segunda parte

Las plataformas

5

Arriba del montón

El fin de semana del Labor Day de 1995, un ingeniero de software creó una página web. Pierre Omidyar, de veintiocho años, había seguido la típica carrera acelerada de Silicon Valley: había aprendido a programar en el segundo curso de la secundaria y estaba en camino de convertirse en millonario antes de los treinta gracias a la venta de su startup a Microsoft. Entonces trabajaba en una empresa que hacía software para ordenadores portátiles, que se esperaba que fuesen la última moda. Pero le fascinaba internet, así que pasaba su tiempo libre conectado, desarrollando proyectos. La idea de este en particular era sencilla: una página donde las personas pudiesen comprar y vender.[1]

Comprar y vender era todavía una idea relativamente nueva en internet. La red troncal de NSFNET había sido desmantelada hacía solo cinco meses, marcando el final de la era del internet público. La cuestión ya no era si internet sería o no un negocio, sino qué tipo de negocio. Empresas de toda clase y tamaño se apresuraban a dar con la respuesta. En mayo, Bill Gates hizo circular un memorándum en Microsoft que anunciaba que internet era la prioridad de la empresa.[2] En julio, un antiguo banquero de inversiones llamado Jeff Bezos lanzó una tienda online llamada Amazon.com, que decía ser «la librería más grande del mundo». En agosto Netscape, creadora del buscador más popular, lanzó su oferta pública de venta (OPV). Al final del primer día de cotización, la empresa había alcanzado un valor de casi tres mil millones de dólares, a pesar de no ser rentable. Wall Street prestaba atención. La burbuja de las puntocoms empezaba a inflarse.

Si el internet de 1995 hacía soñar con un futuro lucrativo, la realidad estaba todavía muy lejos. Por un lado, la privatización de los conductos había abierto un mercado de proveedores en auge, al servicio de la avalancha de gente que intentaba conectarse; en 1995 había casi cuarenta y cinco millones de usuarios, un 76 por ciento más que el año anterior.[3] Pero conectar a la gente solo era una pequeña porción del potencial total de beneficios del sistema. Lo que realmente hizo fluir la sangre y el capital de los inversores fue la posibilidad de ganar dinero con lo que la gente hacía en internet.

¿Cómo ocurrió esto? Puede que internet hubiese atraído a millones de recién llegados, pero todavía se parecía a una red creada para la investigación. La World Wide Web era la región más accesible, mucho más agradable que otras interfaces más técnicas y textuales, como Gopher y Usenet, pero no era gran cosa. La página web típica era horrible y apenas utilizable. Encontrar contenido no era fácil: podías ir de página en página si seguías el entramado de los hipervínculos que las conectaban u hojear el directorio artesanal elaborado por Yahoo!, el portal web más usado antes del auge del motor de búsqueda moderno. Y no había demasiado contenido; en 1995 solo existían 23.500 páginas, en comparación con las más de diecisiete millones que habría cinco años más tarde.[4]

No obstante, la lentitud y la estrechez de la web primigenia también tenían cierto encanto; era un lugar muy íntimo. Las personas estaban emocionadas de ocuparlo, a pesar de que había relativamente poco que hacer; creaban páginas solo para saludar, para subir fotos de sus mascotas, para compartir su entusiasmo por *Star Trek*. Querían entrar en contacto.

A Omidyar le gustaba esta forma de vida en línea. Había sido usuario devoto de internet desde la universidad y participado en varias de sus comunidades.[5] Pero empezó a observar con aprensión la creciente afluencia de dinero de las puntocoms. Las empresas que empezaban en internet solo veían a las personas como «carteras con ojos», declaró en una entrevista.[6] Los esfuerzos que hacían por vender no solo eran burdos y trasnochados, sino que fomentaban una pasividad zombi —«Mira aquí», «Clica aquí», «Introduce el número de tu tarjeta»— que amenazaba la naturaleza participativa del internet que él conocía.

«Quería hacer algo diferente, darle el poder a la gente para que fuese productora y consumidora», afirmó más adelante.[7] Esta fue la motivación de la página que creó el fin de semana del Labor Day en 1995. La llamó AuctionWeb. Cualquiera podía vender y pujar, y el producto se vendía al mejor postor. Sería un mercado perfecto porque se ajustaría al ideal neoclásico de un manual de economía: por obra del milagro de la competencia, la oferta y la demanda se encuentran para descubrir el verdadero precio de un producto. Una de las condiciones de un mercado perfecto es que todo el mundo tiene acceso a la misma información, y eso es exactamente lo que prometía AuctionWeb. Todo lo que había allí lo podía ver todo el mundo.[8]

La página creció rápidamente y, en su segunda semana de existencia, la lista de artículos a la venta incluía una moto Yamaha, una fiambrera de Superman y un póster autografiado de Michael Jackson.[9] En febrero de 1996, el tráfico había aumentado tanto que la empresa que alojaba la página de Omidyar le subió la cuota mensual, lo que le obligó a empezar a cobrar un porcentaje de las transacciones para cubrir los gastos. Los beneficios empezaron a llegar casi de inmediato, y el proyecto paralelo se convirtió en un negocio.[10]

Pero el mercado perfecto resultó no serlo tanto. Surgieron conflictos entre compradores y vendedores, y Omidyar tenía que intervenir a menudo. No quería hacer de árbitro, así que se le ocurrió una manera de ayudar a los usuarios a solucionarlo por sí mismos: un foro. Las personas se dejaban comentarios y se creó una especie de sistema de puntuación. «Elogiad cuando toque y quejaos cuando haga falta», decía en una carta que publicó en la página.[11] Se expulsaría a los mentirosos y se recompensaría a los honestos, pero solo si los usuarios ponían de su parte. «Esta gran esperanza precisa de vuestra participación activa», escribió.[12]

El valor de AuctionWeb dependería de las contribuciones de sus usuarios. Cuanto más participasen, más útil sería la página. El mercado sería una comunidad, un lugar creado por sus miembros, que serían consumidores y productores, como esperaba Omidyar, y entre las cosas que producían estaba el contenido que llenaba la página.

En el verano de 1996, AuctionWeb generaba diez mil dólares al mes.[13] Omidyar decidió dejar su trabajo y dedicarse a la página a tiempo completo. Había empezado criticando la locura del comercio electrónico y había acabado poseyendo una exitosa empresa de comercio electrónico. En 1997 le cambió el nombre; la llamó eBay.

Las plataformas no existen

eBay fue una de las primeras grandes empresas de internet. Se volvió rentable pronto, creció hasta convertirse en una eminencia de la era puntocom y sobrevivió a la implosión de la burbuja, y todavía figura entre las mayores empresas de comercio electrónico del mundo. Pero lo más interesante de eBay es que, en sus inicios, ya anticipó muchas de las características clave que después definirían al fenómeno conocido como «plataforma».

Ninguna de las metáforas que usamos para reflexionar sobre las diferentes formas de internet es perfecta, pero «plataforma» es de las peores. En sus orígenes, el término tenía un significado técnico específico; era aquello sobre lo que los desarrolladores construían aplicaciones, como un sistema operativo o una serie de interfaces de programación de aplicaciones. Pero esa palabra se refiere ahora a varios tipos de software que funcionan en línea, en particular los que han desarrollado las grandes empresas. Como afirma el profesor e investigador Tarleton Gillespie, la adopción del término es estratégica. Al llamar a sus servicios «plataformas», las empresas como Google pueden proyectar un aura de apertura y neutralidad, presentarse como facilitadoras de las interacciones de los demás. Así pues, opacan su poder soberano en los espacios de nuestra vida digital y el papel activo que desempeñan en la ordenación de estos. No es exagerado decir que las plataformas no existen. No es que la palabra sea imprecisa, es que es ilusoria. Está pensada para mistificar, no para clarificar.[14]

Una alternativa es pensar en ese punto de partida: nuestra experiencia de internet se organiza mediante una serie de sistemas complejos que, a pesar de variar considerablemente, comparten ciertas características comunes. La mejor forma de entender estos sistemas es ubicarlos dentro de la historia de la privatización de internet.

Esta última empezó en el sótano, con los conductos; a mediados de los años noventa, esa fase estaba completada. El siguiente paso fue descubrir cómo maximizar los beneficios en las plantas superiores, en la capa de las aplicaciones, donde los usuarios entran en contacto con internet, que a mediados de dicha década tomaba la forma de la World Wide Web prácticamente en su totalidad.

Este era el objetivo central del *boom* de las puntocoms que empezó con la OPV explosiva de Netscape en agosto de 1995. En los años siguientes, se fundaron decenas de miles de startups en las que se invirtieron miles de millones de dólares.[15] Entre 1995 y 2000 el capital riesgo entró en un estado maniaco; el importe total de la inversión aumentó más de un 1.200 por ciento. Cientos de puntocoms salieron a Bolsa y su valor se disparó; en su punto álgido, las acciones de firmas tecnológicas valían más de cinco billones de dólares.[16]

Sin embargo, los beneficios no se materializaron. Esto fue en parte intencionado; la estrategia de muchas puntocoms era crecer rápido y después monetizar, pero era asimismo el reflejo de una dificultad inherente.[17] El director ejecutivo de Viacom, Ed Horowitz, señaló en 1996 que «internet todavía tiene que cumplir su promesa de éxito comercial. ¿Por qué? Porque no hay un modelo de negocio».[18] Horowitz exageraba un poco; eBay, por ejemplo, era rentable, pero constituía la excepción a la regla. Muchas de las puntocoms que estaban llevando el Nasdaq a la locura distaban de ser rentables. Incluso las que no estaban tan lejos de serlo tenían pocas posibilidades de alcanzar el valor estratosférico que les otorgaba el mercado. La ratio promedio de precio-beneficio del Nasdaq, que mide la relación entre el precio de las acciones de una empresa y sus ganancias por acción, pasaba de los doscientos en 1999. Esto significa que los inversores estaban dispuestos a pagar doscientos dólares por cada dólar de beneficio.[19]

Al año siguiente, la burbuja explotó. De marzo a septiembre de 2000, las 280 empresas cotizadas del Bloomberg U. S. Internet Index perdieron casi 1,7 billones de dólares. «No es habitual ver cómo un sector se evapora tan rápido y por completo», señaló un periodista de la CNN.[20] Y en 2001 llegaron más noticias malas. La era puntocom era agua pasada.

En la actualidad, esa época se recuerda como un episodio de locura colectiva, un ejemplo de «exuberancia irracional», como la llamó Alan Greenspan en su mandato coetáneo como presidente de la Fed.[21] Pets.com, una startup que vendía en línea productos para animales de compañía, se convirtió en el símbolo más famoso de la estupidez de ese periodo, una referencia. La empresa nunca fue rentable y se gastó mucho dinero en publicidad, incluido un anuncio en la Super Bowl. En su OPV de febrero de 2000 recaudó 82,5 millones de dólares e implosionó nueve meses después.[22]

Pero sería un error considerar el fracaso del experimento de las puntocoms como el resultado de algo puramente personal. Es cierto que abundaban la arrogancia, la avaricia, el pensamiento mágico y las malas decisiones, pero nada de eso fue decisivo para su caída. El problema real era estructural. Aunque puede que los inversores y los ejecutivos no lo entendieran así, las puntocoms intentaban avanzar hacia la siguiente etapa de la privatización de internet, es decir, estaban impulsando la privatización hacia la parte superior del montón. Pero los elementos que les ayudarían a materializar ese impulso todavía no estaban a punto. Con los conductos, el proceso había sido relativamente fácil; los proveedores vendían el acceso. Los emprendedores de las puntocoms tenían ante sí un reto más difícil: encontrar la manera de monetizar la actividad en vez del acceso. No es que todas las ideas que se les ocurrieron fueran malas —de hecho, muchas de ellas volverían a aparecer años después y se convertirían en la base de negocios de gran valor—,[23] pero, tal y como era entonces, internet no podía utilizarlas. Era necesaria una renovación.

En su análisis del desarrollo capitalista, Karl Marx hizo una distinción entre la subsunción «formal» y «real» del trabajo bajo el capital. En la subsunción formal, un proceso de trabajo existente permanece intacto, pero se realiza sobre una base capitalista. Por ejemplo, un campesino que solía cultivar su propia comida se convierte en un trabajador asalariado en la granja de otra persona. La manera en que trabaja la tierra es la misma. En la subsunción real, por el contrario, se revoluciona el proceso del trabajo para satisfacer las necesidades del capital. Anteriormente, este heredaba un proceso; ahora lo recrea. Nuestro agricultor se integra en el sistema de la granja industrial moderna. La manera en que trabaja cambia por completo; sus ritmos cotidianos distan mucho de los de los campesinos que lo precedieron, y el nuevo régimen laboral es más rentable para el propietario de la granja, ya que se ha organizado explícitamente para alcanzar ese objetivo.[24]

Esta es una perspectiva útil para reflexionar sobre la evolución de internet y para entender por qué las puntocoms no triunfaron. El internet de mediados y finales de los años noventa era de propiedad privada, pero no había sido optimizado para obtener beneficios. Mantenía demasiado de su forma antigua, que no era favorable a las nuevas exigencias que se le imponían.

La subsunción formal se había alcanzado, pero la real todavía no se había implantado.[25]

Para lograrla, serían necesarios desarrollos en varios ámbitos —técnico, social y económico— que permitiesen construir nuevos tipos de sistema. Estos sistemas son los equivalentes digitales de la granja industrial moderna y representan una solución muy esperada al problema que preocupó a los emprendedores de las puntocoms y que acabó con ellos: cómo impulsar la privatización hacia la cúspide del montón. La primera en ofrecer un atisbo de la solución fue eBay.

El mercado definitivo

En eBay, los usuarios eran también creadores. La página no solo proporcionaba un espacio para sus actividades, sino que estaba hecha de estas. Eran los usuarios los que ponían en venta objetos, los que pujaban y los que escribían comentarios en el foro. Sin sus contribuciones, la página no hubiera existido.

Esto obedecía a una tradición: cuando internet fue inventado en los años setenta como un lenguaje universal que permitía la conexión de diferentes redes, su objetivo inicial era conectar ordenadores centrales fijos con fuerzas armadas móviles. Sin embargo, cuando internet evolucionó y pasó de experimento a institución, acabó usándose para algo muy distinto. A corto plazo no lo usarían las fuerzas armadas ni serviría para compartir recursos informáticos; su valor más importante era el social. Internet sobrevivió y creció porque les ofreció a las personas una manera de comunicarse.

En este sentido, internet siguió los pasos de su antepasado, ARPANET, la red pionera que también había sido creada con el propósito de compartir recursos. Luego, en 1971, un programador llamado Ray Tomlinson inventó el correo electrónico, que se hizo muy popular.[26] Dos años después de su creación, el director de la

DARPA encargó un estudio que demostró que el correo electrónico representaba tres cuartas partes de todo el tráfico de la red.[27] Con el crecimiento de internet en los años ochenta, el correo electrónico se extendió todavía más; la posibilidad de intercambiar mensajes instantáneos con alguien que estaba lejos era algo llamativo, y permitió nuevas formas de colaboración y conversación, en particular mediante las listas de difusión que conformaban las primeras comunidades en línea.[28]

El correo electrónico era más que una herramienta útil; representaba una especie de transformación espiritual. Permitió humanizar internet, consiguió que un manojo frío de cables y ordenadores se sintiera habitado. Internet era un lugar en el que podías hablar con amigos y discutir acaloradamente con desconocidos, un lugar en el que hablar de política, de ciencia ficción o de la mejor manera de aplicar un protocolo. Las otras personas eran lo que lo volvían atractivo, cualidad que se mantendría e inspiraría nuevas aplicaciones a medida que internet se expandiese. Incluso la World Wide Web se creó pensando en la comunidad. «La diseñé para que tuviese un efecto social, para que la gente colaborase», escribió más tarde su creador, Tim Berners-Lee.[29]

La comunidad era lo que Omidyar prefería de internet, y temía que la fiebre del oro de las puntocoms acabase con ella. No era el único, había disidentes que se mostraban en contra de las fuerzas de la comercialización en listas de difusión radical como Nettime.[30] Pero Omidyar no era anticapitalista, sino libertariano; creía en liberar el poder del mercado. No se oponía a la comercialización en sí, solo a la forma que estaba adquiriendo. Las empresas que abrían escaparates digitales cursis y llenaban la web de banners desmerecían la comercialización porque no entendían internet, no se habían percatado de que era un medio social.[31]

eBay, por el contrario, se basaba en este hecho. Desde sus orígenes bajo el nombre de AuctionWeb, la página se definía como una comunidad, lo cual se volvió consustancial a su identidad y su funcionamiento.[32] Para Omidyar la cuestión no era defender a la comunidad del mercado, sino reestructurar la comunidad como un mercado, fusionar ambos conceptos.

La idea no era del todo original; Bill Gates ya consideraba el futuro de internet precisamente así. En 1995, el mismo año en que Omidyar lanzó AuctionWeb, Gates coescribió un libro titulado *Camino al futuro*. En él, el director ejecutivo de Microsoft exponía su visión de internet como «mercado definitivo»:

> [E]ste nuevo mercado acabará siendo un lugar central en donde los animales sociales comprarán, venderán, comerciarán, invertirán, regatearán, adquirirán bagatelas. Discutirán, conocerán a nuevas personas y estarán conectados. Cuando piense en la red interactiva, imagine un mercado o una bolsa de valores en lugar de una carretera. Piense en el ajetreo y en el bullicio de la Bolsa de Nueva York o en el mercado de los granjeros, o en una librería llena de gente que busca fascinantes historias e información. Todas las formas de actividad humana tendrán cabida en la red, desde negocios de miles de millones de dólares hasta coqueteos.[33]

En este punto, las relaciones sociales se han fusionado tanto con las relaciones de mercado que se han vuelto idénticas. Internet es el instrumento con el que se ha llevado a cabo esta unión: une a la gente, pero bajo el signo del capital. Sin embargo, Gates no creía que esto fuese inminente, sino que, en cambio, su sueño tardaría muchos años en realizarse. Pero, para cuando se publicó su libro, AuctionWeb ya estaba cerca de cumplirlo.

Normas comunitarias

Combinar la comunidad con el mercado fue una innovación lucrativa. Las interacciones que se produjeron con el envoltorio de la primera aumentaron el valor de la segunda. Bajo el aura de la comunidad, a los compradores y vendedores que se encontraban en AuctionWeb se les animaba a realizar actividades no remuneradas para que la página fuese más útil, como dejar valoraciones en el foro o compartir consejos para los envíos.[34] Cuanta más gente participaba, más atractiva era la página; esta fue la primera razón para su éxito, los efectos de red.

Los efectos de red se producen cuando un producto o un servicio adquiere más valor cuanta más gente lo utiliza. Cuanta más gente usaba AuctionWeb, más productos se vendían, más compradores pujaban, más valoraciones se publicaban en el foro; en resumen, la página adquiría valor. En la web era más fácil crecer, ya que aumentar la capacidad de alojamiento era más sencillo y barato que hacer lo mismo en una empresa física. Y esta operación valía la pena porque, si alcanzaban cierta envergadura, los efectos de red adquirían ventajas difíciles de superar por sus competidores.

Otra fuerza derivada era el papel de intermediario que desempeñaba la página. En una era en la que muchas puntocoms vendían productos directamente —Pets.com se gastaba una fortuna en envíos de comida de animales de compañía a casa de sus amos—,[35] la empresa de Omidyar conectaba a compradores y vendedores, lo cual le permitía beneficiarse de sus transacciones sin tener que gastar demasiado. No tenía existencias ni almacenes, solo era una página web.

Con todo, los beneficios de ser un intermediario y los derivados de los efectos de red no eran posibles sin un tercer factor: cierto nivel de soberanía. La página no solo facilitaba las interacciones, sino que las determinaba. Escribió las normas de cómo las personas podían interactuar y diseñó los espacios donde lo harían. Funcionaba no solo como intermediario, sino también como legislador y arquitecto. Este no era el plan inicial de Omidyar, pero no tardó en volverse necesario, como analiza el sociólogo Keyvan Kashkooli en su estudio de la evolución de eBay.[36] La idea inicial de Omidyar era hacer un mercado gobernado por los miembros que lo conformaban, un ideal basado en sus creencias libertarianas. La decisión de crear el foro de valoraciones seguramente fuese un reflejo ideológico de la noción de que los mercados se organizan a sí mismos, y también correspondía a su interés personal de abandonar la mediación entre usuarios.

Sin embargo, esta política de no intervencionismo se desmoronó bastante rápido. Creencias libertarianas al margen, el mercado no funciona si no hay algo parecido a un Estado. El foro de valoraciones es un buen ejemplo de esto: los usuarios empezaron a manipularlo, a dejar buenos comentarios a sus amigos y a enviar hordas de críticos malintencionados a sus enemigos.[37] La empresa se vio obligada a intervenir sin descanso para gestionar el mercado. Además, tuvo que ampliarlo siguiendo las órdenes de sus accionistas tras salir a Bolsa en 1998. «A pesar de sus reticencias iniciales, la empresa asumió cada vez más una función dirigente», escribe Kashkooli.[38] Preservar y aumentar la rentabilidad suponía gestionar el comportamiento de las personas, ya fuese mediante el código que les orientaba en su navegación por la página, ya fuese mediante las condiciones de uso que regulaban las actividades que llevaban a cabo en esta.

Estos tres elementos —soberanía, intermediación y creación de efectos de red— formaban una síntesis poderosa. Gracias a ellos se alcanzaría la fusión del mercado y la comunidad para acceder a un aluvión de ingresos. En una época en que obtener beneficios era complicado para la mayoría de las puntocoms, eBay ganaba dinero fácilmente. Tras la crisis de 2000-2001, sobrevivió con alguna magulladura. Cuando poco después el sector se vio asediado por la presión de los inversores e intentó reinventarse, las soluciones que imaginaron tenían mucho en común con las que habían servido de base para el éxito temprano de eBay.[39]

La influencia no fue ni consciente ni directa para la mayoría, pero las semejanzas eran obvias. El mercado comunitario que Omidyar había lanzado a mediados de los años noventa fue una puerta al futuro. A juzgar por los estándares posteriores, parecía algo primitivo, ya que existía en el seno de un internet que todavía no estaba hecho para maximizar los beneficios, pero los sistemas que permitieron la renovación, el salto cualitativo de la subsunción formal a la real, la privatización total de internet, se basarían en modelos que Omidyar había aplicado. Estos sistemas se llamarían «plataformas», pero parecían más bien centros comerciales.

6

Centros comerciales virtuales

En 1993 el activista Jeffrey Chester había advertido de que la superautopista de la información se convertiría en «un centro comercial virtual, electrónico» si se acababan imponiendo los intereses empresariales.[1] Con estas palabras formuló una profecía. Se acabaron haciendo realidad y la metáfora que utilizó era justa. Si las empresas propietarias de los conductos de internet pueden compararse con arrendadores abusones que estafan a los usuarios y no mejoran una infraestructura deteriorada, entonces los sistemas que ejercen su dominio en el estrato superior del montón pueden compararse con centros comerciales, según la idea de Jathan Sadowski.[2]

El primer centro comercial moderno fue construido en Edina, Minnesota, en 1956. Su arquitecto, Victor Gruen, era un judío socialista nacido en Viena que había escapado de los nazis y que sentía aversión por la cultura estadounidense centrada en el automóvil. Quería sacar de sus Fords a los habitantes de la periferia de mediados de siglo para llevarlos a un lugar que recrease la «enriquecedora vida social» de las grandes ciudades europeas, en los que encontraran no solo tiendas, sino librerías, teatros y centros sociales.[3] Además, el centro comercial sería un espacio de interacción, un «canal para satisfacer el instinto humano de relacionarse con otros seres humanos».[4] Sin embargo, al contrario que en una ciudad, estas relaciones tendrían lugar en un entorno controlado y el caos de la vida urbana sería reemplazado por la disciplina del diseño racional.

A medida que el invento de Gruen se imponía, las ideas más importantes de su visión se disipaban. Sin embargo, la idea de un entorno preconcebido que uniera el comercio con la plaza pública permaneció. El legado de Gruen sería una especie de terrario capitalista que la frase «espacio público de propiedad privada» define a la perfección.

Los centros comerciales de internet no son más que espacios públicos de propiedad privada. Son recintos empresariales en cuyo interior tiene lugar una amplia gama de interacciones. Como en un centro comercial real, algunas de ellas son comerciales, como comprar ropa de un comercio, mientras que otras son sociales, como quedar con amigos. Pero lo que distingue al centro comercial virtual del real es que en el interior del primero todas las interacciones generan datos. Cada movimiento, por pequeño que sea, deja una huella digital que representan una oportunidad para crear una organización totalmente nueva.

Los centros comerciales reales venden alquileres; el propietario les cobra un alquiler a los arrendatarios, llevándose así una tajada de sus ingresos. Los centros comerciales virtuales ganan dinero más o menos igual, como demostró eBay en sus inicios, quedándose con una parte de las transacciones que tenían lugar en su página. Pero, como apunta Sadowski, los centros comerciales virtuales también pueden cobrar otro tipo de alquiler, el de los datos. Dicho de otra manera, pueden recopilar las huellas digitales generadas por las actividades que se llevan a cabo en ellos. Como controlan cada centímetro cuadrado del recinto y, además, modificarlo es solo cuestión de añadir un código nuevo, pueden introducir cambios en la arquitectura cuando lo deseen para fomentar las actividades que generen más huellas u otro tipo de rastros.[5]

Resulta que estas huellas tienen mucho valor, tanto que reunirlas y analizarlas se ha vuelto una de las funciones principales del centro comercial. Como el mercado comunitario de Omidyar, el centro comercial virtual es un intermediario, un soberano y un creador de efectos de red. Facilita las interacciones, redacta las reglas y se beneficia de que las personas se conecten. Pero en los centros comerciales virtuales estas interacciones se registran y se interpretan, lo cual los diferencia de sus predecesores. Están, ante todo, diseñados para crear y utilizar esos datos; es su principio rector y su componente esencial.

Los datos se comparan a veces con el petróleo, pero el carbón sería una analogía más justa. El carbón era el combustible que ponía en marcha la máquina de vapor. En el siglo XIX, impulsó la reorganización capitalista de la manufactura, que pasó de artesanal a industrial, del taller a la fábrica. Los datos han desempeñado un papel parecido, han impulsado la reorganización capitalista de internet, y para ello han desterrado lo que quedaba de la red de investigación y perfeccionado el motor de los beneficios. Este proceso ha sido lento y trabajoso, y ha adoptado diferentes formas. Está muy vinculado al auge de la compañía que es sinónimo del internet moderno, la única cuyo nombre se ha convertido en verbo y tiene una entrada en los diccionarios.

El negocio de los ojos

En 1998, el mismo año en que eBay irrumpió en el Nasdaq, un par de estudiantes de máster presentaron un artículo en una conferencia. En él describían un motor de búsqueda que habían desarrollado en Stanford. Todavía era un prototipo que habían construido con unos cuantos ordenadores de segunda mano que guardaban en un dormitorio, pero lo utilizaban tantas personas que, en horas punta, necesitaba la mitad de la banda ancha de la universidad. Los dos estudiantes lo llamaban Google, y ese mismo año fundaron una compañía con el mismo nombre.[6]

La historia de Google ya se ha contado muchas veces. Se ha ensalzado e imitado, criticado y parodiado. Pero lo que se ha ido perdiendo con las diferentes versiones de la historia es el problema inicial que los jóvenes Larry Page y Sergey Brin intentaban solucionar: el de la abundancia de datos.

La superabundancia de datos era una de las muchas situaciones que los arquitectos de internet no habían previsto. La idea de que un día habría miles de millones de personas y de dispositivos conectados mediante el protocolo que estaban creando resultaba inimaginable. Su estimación sobre el número máximo de direcciones IP —los identificadores únicos asignados a los ordenadores conectados a internet— que necesitarían era de unos 4.300 millones.[7] A algunos esta cifra les parecía incluso excesiva, como a la programadora Virginia Strazisar Travers, que desempeñó un papel esencial en la creación de internet y que pensaba que 65.536 serían suficientes, al menos en lo que ella vería en su vida.[8]

En los años noventa, la situación había cambiado. Cada año, decenas de millones de personas se conectaban por primera vez a internet.[9] Se habían tendido millones de kilómetros de fibra óptica[10] y se manufacturaban cantidades ingentes de datos, sobre todo en la World Wide Web, donde se congregaban los recién llegados. La cantidad de páginas web creció cerca del 1.000 por ciento entre 1995 y 1996.[11]

En teoría, más información debería haber vuelto internet más útil. En la práctica, más información lo volvió más confuso. Las herramientas encargadas de darle un sentido a aquello no estaban a la altura. Yahoo! dependía de humanos —sus listados se seleccionaban manualmente—, así que le costaba seguir el ritmo del crecimiento de internet. Había alternativas automáticas, «rastreadores web» que indexaban las páginas para que apareciesen en los buscadores, pero no funcionaban bien y los resultados eran inútiles o directamente spam.[12]

Este era el reto al que se enfrentaban Page y Brin, financiados por la DARPA (la agencia que creó internet) y la Fundación Nacional de Ciencias (la agencia que lo gestionaba).[13] «La cantidad de documentos en los índices [del motor de búsqueda] ha aumentado muchos órdenes de magnitud —escribieron en su artículo de 1998—, sin que lo haga la capacidad de los usuarios de consultar esos documentos».[14] Su solución era un método algorítmico que clasificaba la calidad y la relevancia de una página web que funcionaba contando cuántos sitios tenían enlaces a esta. Esto solía producir resultados más pertinentes y, lo más importante, aumentar su escala era fácil. Un mosaico amplio y en expansión iba a ser más inteligible si se analizaba automáticamente cómo estaba ensamblado.

No obstante, cuando Google abandonó el campus, se convirtió en un negocio y empezó a crecer, fue más allá. Comenzó no solo a organizar los datos de internet, sino a generar también los suyos propios. Lo que los usuarios hacían dejaba una huella en los registros de los servidores: qué buscaban, cuándo, qué resultados consultaban, si se quedaban en la página o iniciaban una nueva búsqueda. Y las huellas se acumulaban; en noviembre de 1999, Google procesaba más de cuatro millones de búsquedas al día.[15]

La empresa empezó a usar estos datos para mejorar su motor de búsqueda. Pero, si analizaban el comportamiento de los usuarios, los ingenieros podían identificar las brechas y los fallos del software y volver a programar el algoritmo para que respondiese a una serie de señales nuevas. A principios del siglo XXI, la empresa empezó a vender los datos con otro fin: vender anuncios.[16]

Google llevaba vendiendo anuncios desde 1999, pero no le iba muy bien.[17] Sheryl Sandberg, una antigua empleada de la administración Clinton a la que contrataron para dirigir el equipo que se encargaba de los anuncios, explicó más tarde que el director ejecutivo por aquel entonces, Eric Schmidt, iba a su despacho varias veces al día para preguntarle cuántos anunciantes tenían. La respuesta siempre era la misma: «No muchos».[18] El mal se lo provocaban a sí mismos. Page y Brin odiaban la publicidad en línea, compartían con Omidyar la aversión a la comercialización vulgar de la era puntocom.[19] Además, la publicidad no era esencial en su modelo de negocio; se esperaba que los ingresos se generasen mediante la venta de licencias de la tecnología de búsqueda de Google a otras páginas. Pero no obtuvieron suficientes beneficios, y con la implosión de las puntocoms en 2000-2001 los inversores presionaron a Google, como a todas las empresas de internet que no eran rentables. Uno de esos inversores de capital riesgo, Michael Moritz, explicaría más tarde el pesimismo de aquella época: «No dábamos con el buen modelo de negocio».[20]

Esto cambió en 2002, el año en que Google se volvió rentable. AdWords, un sistema para vender y publicar anuncios, fue el responsable de este logro. Primero, los anunciantes pujaban por palabras de búsqueda precisas, como «coches», «ropa» o algo más específico. Entonces el sistema seleccionaba automáticamente al mejor postor y colocaba su anuncio en la mejor posición de la página de resultados de búsqueda, la que el usuario vería antes, la del segundo mejor postor en la segunda posición y así sucesivamente. Pero no solo era una subasta, ya que las pujas no eran el único factor que determinaba la posición. El otro era el indicador de calidad de cada anuncio, y este era tan importante que podía catapultar a un anunciante al mejor puesto incluso si no había hecho la puja más alta.[21]

¿Cómo se calculaba el indicador de calidad? Aquí era donde entraban en juego las huellas en los registros de los servidores. Los datos de los usuarios indicaban la relevancia de los anuncios, basándose en la cantidad de usuarios que visitaban la página del anuncio. El «índice de clics» se convirtió entonces en la medida principal de calidad. Con el paso del tiempo, esta medición se transformó en un cálculo mucho más complejo que incorporaba varias medidas distintas y utilizaba técnicas estadísticas avanzadas conocidas como «aprendizaje automático». Sin embargo, la idea de base seguía siendo la misma. La empresa analizaba el comportamiento de los usuarios para intentar predecirlo. Si en sus inicios Google pretendía interpretar las cantidades ingentes de información de internet, para obtener éxito como empresa tendría que interpretar la abundante información de sus usuarios.[22]

Lo bueno de este compromiso era que beneficiaba a Dios y a Mammón, es decir, a los fundadores de Google y a sus inversores. El indicador de calidad rebajaba la antipatía de Page y Brin por los anuncios porque garantizaba que un anunciante, aunque tuviese mucho dinero, no podría inundar de spam las páginas. Había barreras, pero también guiaban a los usuarios hacia los anuncios que era más probable que visitaran, para el deleite de los anunciantes. El dinero entraba a espuertas y los inversores estaban felices.[23]

En *La era del capitalismo de vigilancia*, Shoshana Zuboff describe este momento como un punto de inflexión no solo en la historia de Google sino en la del capitalismo. Según ella, el descubrimiento del «excedente conductual» —un tesoro de datos generados por los usuarios tan cuantioso que podía utilizarse para vender anuncios y no solo mejorar las búsquedas— dio origen a una nueva lógica económica llamada «capitalismo de vigilancia». «Google había hallado un modo de traducir sus interacciones no mercantiles con los usuarios en una materia prima excedentaria con la que fabricar productos destinados a transacciones propiamente mercantiles con sus clientes reales: los anunciantes [...]. La corporación creó así, como de la nada y a un coste marginal cero, una clase de activos en forma de materias primas vitales derivadas de la conducta (no mercantil) de los usuarios en la red», escribe Zuboff.[24]

No era la primera vez que las compañías sacaban beneficio de los datos personales. Mucho antes de que internet fuese un medio de masas, las empresas de marketing y las compañías de seguros, entre otras, usaban ordenadores para recabar y analizar información sobre los consumidores, como ha documentado el profesor pionero de los estudios sobre la vigilancia Oscar H. Gandy.[25] Sin embargo, la popularidad de internet amplió significativamente el ámbito de esta vigilancia, ya que todo lo que las personas hacían en línea generaba datos. Puede que la monetización de estos datos que Google consiguió a principios de la década de 2000 no generase una nueva forma de capitalismo, ya que la manera de obtener beneficios se parecía mucho al capitalismo clásico, pero sí que supuso un cambio.

La esencia de esta novedad radicaba en la capacidad de Google para extraer valor de los datos. Estos se fabricaban gracias al rol de intermediario de Google, que conectaba a los usuarios a las páginas y que entonces, una vez reunidos y analizados, le permitían a Google volver a hacer de intermediario, en esta ocasión conectando a los anunciantes y a los usuarios. Esta segunda actividad se beneficiaba de los efectos de red, ya que, cuantos más datos generaran los usuarios en el motor de búsqueda, más se sabía sobre cómo proporcionarles los mejores anuncios. Y la empresa podía usar este poder en las interacciones que tenían lugar en su página, su reino, para acelerar el proceso de aprendizaje e incitar a los usuarios a generar los datos que tanto necesitaba.

En resumen, a principios de la década de 2000, Google se convirtió en el primer centro comercial virtual. Después de la quiebra de las puntocoms, desarrolló un recinto digital que, en los años posteriores, daría lugar a la siguiente fase de la privatización de internet, la tarea que las puntocoms abordaron, pero nunca finalizaron.[26]

Haciendo amigos

Las innovaciones de 2002 fueron toscas si se comparan con lo que llegó después. Espiar a la gente para vender anuncios se convirtió en un asunto más sofisticado e invasivo. Se empezaron a vigilar varios flujos de datos, desde el historial de búsquedas hasta el de la tarjeta de crédito, pasando por cualquier huella que, aunque más sutil, contuviera bastante información, y que vamos dejando en los entornos digitales, omnipresentes en nuestras vidas. Este tipo de publicidad se expandió por internet y dio lugar a un ecosistema densamente poblado y completamente enrevesado —la periodista Shoshana Wodinsky los describe como «cajas negras dentro de cajas negras dentro de cajas negras»— de empresas de subastas donde los anunciantes pujan para poder colocar un anuncio en un espacio particular de una página determinada para que lo vea un individuo en concreto, cuyos datos sugieren que podría comprar ese producto.[27]

En 2020, google sigue siendo el depredador alfa de este ecosistema, con un 28,9 por ciento del mercado publicitario digital de Estados Unidos. Después de él está Facebook, con un 25,2 por ciento,[28] que formaba parte de una oleada de startups que, juntas, definieron lo que conocemos como «redes sociales», y que se fundó poco después de que Google empezase su ascensión propulsada por los anuncios. La primera iteración de la creación de Mark Zuckerberg apareció en 2004, YouTube llegó en 2005 (y Google lo compró al año siguiente) y les siguió Twitter, en 2006.

Lo que caracterizaba a estas páginas era que dependían del contenido generado por los usuarios. En la época, el gurú tecnológico Tim O'Reilly consideraba que este aspecto era uno de los pilares de lo que él llamaba «web 2.0», un internet mucho más participativo que emergía del naufragio de la era puntocom. «La clave de la ventaja competitiva en las aplicaciones de internet es en qué medida los usuarios añaden sus propios datos a los que tú ya provees. Si consigues involucrar a tus usuarios implícita y explícitamente, añadirás valor a tu aplicación», aconsejaba O'Reilly.[29] La idea no era nueva, pues ya la había explotado eBay, pero las redes sociales aumentaron su importancia y la convirtieron en la base de nuevos tipos de recintos digitales.

Estos se adaptaron perfectamente al modelo de negocio popularizado por Google, porque su naturaleza social animaba a los usuarios a proporcionar más datos sobre sí mismos, que luego podrían aplicarse a la segmentación publicitaria. En el caso de Facebook, la línea de transmisión era directa; en 2008, Zuckerberg contrató a Sheryl Sandberg, que había supervisado, desde su puesto de jefa de operaciones, la transformación de Google en una empresa publicitaria. Sandberg se convirtió así, según la frase memorable de Shoshana Zuboff, en «la María Tifoidea del capitalismo de vigilancia».[30]

El centro comercial virtual de las redes sociales sería diferente del de los motores de búsqueda. El objetivo era mantener dentro a los usuarios el mayor tiempo posible, maximizar el «uso», como les decían los ejecutivos a los ingenieros. El uso se daba bajo varias formas —un «me gusta», una visualización, dar a compartir, comentar, postear, repostear—, que debían ser, por un lado, lo suficientemente flexibles para albergar un abanico de expresiones satisfactorio —para que las redes sociales funcionen, tienen que dar la sensación de comunidad—, y, por el otro, lo bastante estructuradas para que el software las interprete fácilmente.[31] Como el teórico Philip E. Agre analizó, los ordenadores deben imponer una «gramática» a la actividad humana para que esta sea inteligible, de la misma manera que la gramática de la lengua inglesa la vuelve inteligible a aquellos que la hablan.[32]

Sin embargo, la gramática no es una camisa de fuerza, sino algo sorprendentemente elástico. «Al igual que los hablantes del inglés pueden producir una variedad potencialmente infinita de frases gramaticales a partir de los recursos finitos del vocabulario y la gramática ingleses, los usuarios que llevan a cabo una actividad delimitada pueden hacer uso de una variedad infinita de secuencias de acción, siempre y cuando estas secuencias se compongan de los elementos unitarios y los recursos combinatorios prescritos por la gramática de la acción».[33] Dicho de otro modo, una de las virtudes de la gramática es la sensación de libertad que proporciona, y esto explica por qué las personas obtienen cierto placer en las redes sociales. A pesar de que sus interacciones están sutilmente (o evidentemente) estructuradas por el diseño de la interfaz y el código que lo sostiene, el sentimiento es de autonomía, de libertad de expresión.

El poder del centro comercial social reside en una especie de soberanía extraña, que finge que no existe. Esta negación tiene una base jurídica en la famosa sección 230, promulgada como parte de la Ley de Decencia en las Comunicaciones de 1996, que protege los servicios virtuales de todo tipo, así como a los proveedores, de responsabilidades legales por el discurso que difunden. La protección que ofrece es vital para los propietarios de los centros comerciales de las redes sociales, que pueden renunciar a responsabilizarse de las actividades de sus usuarios aunque participen de manera encubierta en la configuración de estas.

Solo en circunstancias excepcionales, si por ejemplo se expulsa a un usuario notorio o se introduce una nueva función ofensiva, se revela el soberano. La mayor parte del tiempo, la «comunidad» parece organizarse por sí misma. Para garantizar el éxito de los centros comerciales de las redes sociales, los usuarios deben comportarse como si no estuviesen controlados por nadie, mientras se les incita a comportarse de manera que los sistemas automáticos que les siguen la pista y los analizan puedan escrutarlos mejor, todo ello para vender anuncios.

Sin embargo, que se muestren los anuncios no significa que las personas les presten atención, algo que es crucial. Como explica el escritor Tim Hwang, «los anuncios son el paquete de la atención, no son la atención misma». Es extremadamente complicado atraer la atención en sí; un gran número de estudios sugieren que la publicidad en línea no funciona especialmente bien. El fraude generalizado, la popularidad creciente de los bloqueadores de publicidad, la indiferencia que provocan los banners y los problemas persistentes de la «visibilidad de los anuncios» (el hecho de que no siempre estén colocados en los lugares en que las personas los verán) contribuyen a lo que Hwang llama una «crisis de la atención de baja calidad»: la sobrevaloración de la publicidad en relación con su activo subyacente, la atención.[34]

En los centros comerciales virtuales construidos por Google y Facebook se sintetizan cantidades ingentes de datos, que se metabolizan para unir los anuncios con los ojos. Aun así, la complejidad de esta operación no significa que los individuos detrás de los ojos cliquen en los anuncios, y todavía menos que compren algo. Sería un error sugerir, como suele hacer Shoshana Zuboff, que Zuckerberg y sus colegas capitalistas de la vigilancia han construido una máquina de control mental.[35] Puede que Zuckerberg quiera que sus clientes, los anunciantes, crean que tiene semejante máquina, pero tras el bombo publicitario se oculta una realidad mucho menos impactante.

No pretendo restar importancia a la complejidad técnica de

estos sistemas o a los cambios sin precedentes que han provocado. «La atención se ha mercantilizado como nunca antes», escribe Hwang.[36] La maquinaria de la publicidad en línea «ha permitido empaquetar una multitud de instantes de atención y convertirlos en activos discretos y líquidos que se compran y se venden sin fricciones en un mercado global». Pero puede que las mercancías que circulan en este mercado sean menos valiosas de lo que las empresas tecnológicas les cuentan a los anunciantes.

Aun así, si bien la publicidad en línea no funciona como se había prometido, al menos les funciona muy bien a los que hacen las promesas. En el momento en que escribo estas líneas, la capitalización bursátil combinada de Facebook y la empresa matriz de Google, Alphabet, se acerca a los tres billones de dólares y aumenta a un ritmo trepidante.

7

Imperios elásticos

La publicidad ocupa un lugar central en la historia de la privatización que asciende el montón. Pero crear un mercado para la atención solo es un capítulo de la historia. Las firmas tecnológicas también tenían que averiguar cómo crear algo más tradicional, un mercado para productos.

No era tan fácil como parecía. El comercio virtual había sido la gran esperanza del auge de las puntocoms, y la caída fue estrepitosa. Vender café, alimentos o comida de perro en internet provocó algunos de los fracasos más sonados de la época. El problema estaba en los costes; era muy fácil crear un catálogo en línea, pero la logística se volvía una pesadilla. El almacenaje y el envío eran costosos. La empresa que dio con la solución fue Amazon y, al hacerlo, desplazó a eBay, la niña de los ojos de las puntocoms, y se unió a Google y Facebook en el podio de los leviatanes del internet moderno. Su modelo de negocio sería diferente al de los gigantes de la búsqueda y de las redes sociales, pero se le parecía en una cuestión clave: su éxito se debía en gran medida a su evolución como «plataforma», es decir, como centro comercial virtual.[1]

Amazon abrió su librería en línea en julio de 1995, un par de meses antes de que apareciese la página que más tarde se convertiría en eBay. Los dos fundadores no tenían nada que ver el uno con el otro. Pierre Omidyar era un programador con coleta divirtiéndose con un proyecto personal. Su motivación inicial, crear el mercado perfecto, era esencialmente utópica. Jeff Bezos era un gestor de fondos de cobertura de Wall Street sin un pelo de utopista; era puro cálculo, implacable y metódico, la lógica del capital personificada. Vio una oportunidad de negocio en internet y no quiso desaprovecharla.

Sin embargo, a simple vista, Omidyar parecía mejor como hombre de negocios. Había empezado queriendo crear el mercado perfecto y había acabado haciendo el negocio perfecto. eBay ganaba dinero a espuertas. La fórmula era simple: les cobraba una tasa a los vendedores y se mantenía lejos del cumplimiento del trato con los compradores. Amazon, por el contrario, les enviaba productos a sus clientes. Esto implicaba grandes costes fijos y mucha energía dedicada a la eficiencia de su extensa red de distribución. «Esto es horrible, lo último que queremos es gestionar almacenes como este», le dijo la directora ejecutiva de eBay, Meg Whitman, a Omidyar después de visitar las instalaciones de Amazon en 1998.[2]

Los márgenes de Amazon se redujeron todavía más cuando rebajó los precios para hacerse con la cuota de mercado de la competencia. Los precios bajos permitieron que la empresa creciese rápido, pero aplazaron la rentabilidad. Esto no era importante en el delirio de los años noventa, pero cuando la burbuja estalló en 2000 y 2001 Amazon empezó a parecerse a cualquier puntocom con una crisis de liquidez. El precio de las acciones cayó, y los empleados y algunos ejecutivos se desmoralizaron.[3] Según el periodista Brad Stone, en aquellos años «la mayoría de los analistas comenzaron a dudar no solo de las perspectivas de la empresa, sino también de las posibilidades de que sobreviviese».[4]

Amazon salió de la crisis mediante varias operaciones; puede que una de las más importantes fuese parecerse más a un intermediario, es decir, seguir los pasos de eBay. Era algo irónico dado el comienzo de la empresa. En 1997 Barnes & Noble demandó a Amazon por publicidad engañosa, alegando que su eslogan «la mayor librería del mundo» era falso, porque en realidad era un «comerciante de libros». La demanda se resolvió aquel mismo año por una suma desconocida.[5] Sin embargo, la alegación, que ya era cierta en aquel entonces, se volvió cada vez más evidente.

El primer paso se dio en el otoño de 2000, cuando la empresa inauguró una nueva función llamada Marketplace.[6] Los vendedores terceros podrían ahora incluir sus productos en el catálogo virtual de Amazon y, lo que es más importante, establecer precios para competir contra este. Se trató de una medida controvertida que no sentó bien en la empresa, pero dio sus frutos; en los primeros cuatro meses, las ventas mensuales de productos de terceros se triplicaron con creces.[7] En enero de 2002, Amazon anunció su primer trimestre de beneficios, y las ventas de terceros ya representaban un 15 por ciento de todos los pedidos.[8]

En los años siguientes, con el crecimiento de Marketplace, Amazon empezó a robarle vendedores a eBay que, desorientado por estos ataques y debilitado tras una serie de malas decisiones empresariales, pasó por un bache. En 2007 la guerra había terminado y Amazon había ganado. Ese año, la empresa facturó 14.800 millones de dólares en ventas, más que eBay y Barnes & Noble juntos.[9] En la década de 2000, el comercio electrónico se popularizó; el porcentaje de adultos estadounidenses que compraron algo en línea se duplicó con creces entre 2000 y 2009.[10] El escaparate simplificado y la red de logística obsesivamente optimizada de Amazon le facilitaron hacerse con una gran parte del gasto de los consumidores, cuando comprar en línea dejó de ser sinónimo de pujas a medianoche para conseguir Beanie Babies codiciados y empezó a satisfacer necesidades ordinarias.

Construir un mercado para terceros permitió a Amazon cubrir más necesidades y abrir su página a millones de pequeñas y medianas empresas. En 2017 la mayoría de las ventas de la página eran de terceros,[11] y los beneficios que obtenía así Amazon eran sustanciales. Pagaban las tasas de la empresa y, si decidían que esta se encargase de sus pedidos, también pagaban los servicios de almacenamiento y de envío. Asimismo había un servicio de financiación, por el que Amazon empezó a conceder préstamos a los negocios.[12]

Para acabar, podían también comprar anuncios que situarían sus productos en una posición más visible para los clientes, ya fuese en las búsquedas, ya fuese en otros lugares de la página; un mercado de atención en miniatura dentro de un mercado de productos.[13]

Pero los terceros no solo pagaban con dinero, sino también con datos. Su actividad se vigilaba tan exhaustivamente como la de los clientes de Amazon. Y aquí es donde Amazon coincide con Google y Facebook: su auge se basó en la fabricación y el procesamiento de grandes cantidades de información. El antiguo ejecutivo James Thomson declaró más tarde a la BBC: «Puede que vendan productos, pero son empresas de datos».[14]

Esta identidad había empezado a formarse a finales de los años noventa, cuando Jeff Bezos comenzó a darle más importancia a la tecnología y a contratar a más técnicos.[15] La personalización se volvió una prioridad; los ingenieros de software crearon un sistema que utilizaba los datos de los clientes (los productos que compraban, los que buscaban) para generar recomendaciones automatizadas de productos.[16] Como Google estaba haciendo en aquel entonces, se monitorizaba el comportamiento de los usuarios para realizar predicciones automatizadas de lo que podrían comprar. Estas predicciones también informaban de cuántos ejemplares de cada producto debería almacenar la empresa y determinaban los precios óptimos.[17] Los datos ayudaron a Amazon a resolver los retos logísticos que había provocado la desaparición de muchas puntocoms.

Añadir terceros al mercado amplió el rango de estas operaciones. Desde entonces, la empresa podía observar a los compradores y a los vendedores. De hecho, vigilaba todo el mercado; se convirtió en un centro comercial virtual propiamente dicho, que facilitaba las interacciones para poder crear datos a partir de ellas. Y estos datos eran valiosos en muchos sentidos, además de como herramientas de investigación de mercado para las propias líneas de producto de Amazon.

Cuando los negocios venden en Marketplace, Amazon los observa atentamente, registra información detallada sobre ventas, envíos y marketing. Luego utiliza esa información para lanzar sus propios productos copiados. De manera que, para Amazon, el mercado de terceros funciona como una «placa de Petri», señala la jurista y actual presidenta de la Comisión Federal de Comercio, Lina Khan, donde «las empresas independientes asumen el riesgo inicial de sacar productos al mercado y Amazon se beneficia de la información que consigue, a menudo a su costa».[18] Dicho de otro modo, Amazon no solo compite con los vendedores, sino que usa los datos en su contra, y, como controla el centro comercial virtual, puede promocionar su propia mercancía antes que la de sus rivales. «Es algo que hicimos bastante bien —declaró al periodista Brad Stone el antiguo director de precios y gestión de productos, Randy Miller—. Si no sabes nada del negocio, lanza Marketplace, atrae a los minoristas, observa lo que hacen y lo que venden, descífralo y métete».[19]

En los años noventa, Amazon era una puntocom prometedora, pero sin beneficios. En las dos primeras décadas del siglo XXI, se convirtió en un imperio del internet moderno, en gran parte gracias a que imitó a la competencia con un rigor y una crueldad que eBay nunca puso en práctica. Al hacerlo, Amazon creó un mercado no solo de productos de consumo, sino de productos de capital. Los medios de producción que Amazon vendía serían la maquinaria necesaria a fin de crear software para un internet en vías de comercialización.

Las fábricas de internet

Cuando el capitalismo transforma algo, suele añadir maquinaria. Internet no era una excepción a la regla. En el periodo que siguió a las puntocoms, cuando las empresas empezaban a encontrar caminos prometedores hacia la rentabilidad, también volvieron internet más complejo. La simple página web estática de internet se volatilizó. La reemplazaron aplicaciones dinámicas e interactivas, diseñadas para captar la atención del usuario y estimular su uso, y vinculadas a la elaboración de sistemas subterráneos de acopio y análisis de datos.

El centro comercial virtual se convirtió en un asunto intensivo en el plano informático. Al igual que las transformaciones en la fabricación reemplazaron el taller por la fábrica, las transformaciones de internet impusieron sus propias fábricas, aunque no se las consideraba fábricas propiamente dichas, y la razón era que el nombre con el que se las conocía oscurecía su carácter esencialmente industrial, la «nube».

Si internet es una colección de máquinas que se comunican, la nube es el subconjunto de máquinas que mantiene la mayoría de las conversaciones. En concreto, la nube es un conjunto mundialmente distribuido de edificios climatizados («centros de datos») llenos de servidores. Estos servidores proporcionan el almacenamiento y llevan a cabo la computación para el software que se usa en internet. Cuando haces algo en línea, tu ordenador —el que está sobre tu escritorio o en tu bolsillo— seguramente está hablando con la nube. En el nivel más básico, la nube es un ordenador que usa otro ordenador mediante una red.

Esta idea es sorprendentemente antigua. En los años sesenta, la aparición de los sistemas de «tiempo compartido» supuso la primera experiencia de computación mediante una red. Este tipo de sistema permitía que, desde sus dispositivos, varios usuarios utilizaran simultáneamente programas en un solo ordenador central. Esto volvía más accesible la informática en una época en que los ordenadores eran muy grandes y costosos. Toda una industria surgió alrededor de este concepto, que vendía tiempo de ordenador por horas a empresas que no podían permitirse comprar un ordenador central.

El modelo bajo demanda tuvo tanto éxito que los expertos predijeron que dominaría el mundo digital. «Puede que la informática se organice algún día como una empresa de servicio público», afirmó el informático del MIT John McCarthy en 1961.[20]

Varios años después, su compañero de universidad Martin Greenberger concibió una «empresa pública de servicios informáticos» que proveía ordenadores de la misma forma que las empresas de electricidad públicas suministraban luz.[21] De manera algo distinta, el deseo de compartir recursos informáticos mediante una red inspiró la creación de ARPANET en los años sesenta y la de internet en los setenta. Al fin y al cabo, el objetivo de internet era expandir la informática no solo mediante una red, sino por medio de varias. Forjar una red de redes global que permitiese a los soldados en misión utilizar un programa en un ordenador central que estaba en la otra punta del planeta; esa era la aspiración que, décadas después, se vio totalmente realizada con la creación de la nube.

Mientras que el origen de la nube moderna es diverso, la empresa que más se asocia con su creación es Amazon. Fue en Amazon donde arraigó la idea de construir un servicio informático a la carta que dio lugar a una línea de negocio muy lucrativa. Su pilar lo construiría un pequeño equipo a unos dieciséis mil kilómetros de Seattle, en un suburbio sudafricano.[22]

Lejos de la nave nodriza

En 2004 un empleado de Amazon llamado Chris Pinkham voló a Ciudad del Cabo. Se había pasado los últimos años dirigiendo la red de infraestructura de la empresa en Seattle, y entonces regresaba a Sudáfrica, el país donde creció, para abrir una oficina con su compañero Christopher Brown. No había ninguna buena razón para que Amazon tuviera una oficina en Ciudad de Cabo, pero Pinkham quería volver a casa y Bezos no quería perderlo.[23]

Pinkham y Brown se instalaron en un parque empresarial situado en la frontera con Constantia, la región vinícola más antigua de Sudáfrica. En el siglo XVII, el gobernador colonial holandés había puesto a trabajar a sus esclavos plantando fila tras fila de vid en la zona. El vino que produjo a partir de estas vides se hizo muy famoso en Europa; Napoleón pedía botellas durante su exilio en Santa Elena.[24] Siglos más tarde, los viñedos seguían allí, ahora rodeados de restaurantes de lujo que servían codorniz confitada.[25] En el interior de las oficinas de Amazon, la escena era un poco menos sofisticada; el mobiliario escaseaba (uno de los primeros empleados recordaba sentarse en cajas de cartón en vez de sillas).[26] En ese entorno espartano, Pinkham y Brown contrataron a un puñado de ingenieros y comenzaron a construir lo que luego se conocería como Elastic Compute Cloud o EC2.

Pinkham había empezado a trabajar en la empresa en 2000, justo durante el desplome de las puntocoms, y más tarde señalaría que «Amazon había alcanzado un tamaño enorme, pero sufría problemas de crecimiento».[27] Entre los más dolorosos estaba su infraestructura interna: el grupo de servidores que usaban los ingenieros para ejecutar el software, que se había vuelto cada vez más sofisticado con el paso de los años. A principios del siglo XXI, Amazon ya estaba metido de lleno en el negocio de los datos, y andaba ocupado ampliando su centro comercial virtual de terceros. Pero las prácticas que se habían desarrollado en torno a estas actividades eran caóticas.[28] Los desarrolladores de la empresa no paraban de inventar la rueda. Así describía ese periodo el actual director ejecutivo de Amazon, Andy Jassy: «Jill, en la tercera planta, está haciendo lo mismo, y Rick, el de la quinta, también está haciendo lo mismo [...]. Había una angustia y una frustración reales, y estábamos ávidos de servicios de infraestructura fiables, escalables y óptimos».[29]

Así que Amazon empezó a racionalizar sus entrañas digitales gracias a varias iniciativas.[30] Cuando Pinkham aterrizó en Ciudad del Cabo a finales de 2004, la compañía había alcanzado un acuerdo interno: un plan consistente en construir un servicio informático a la carta (una nube) no solo para sí misma, sino para el mundo. «Hagamos otro negocio; tenemos que hacerlo para nosotros de todas formas», pensó Bezos.[31] No eran los únicos que sufrían dolores fruto del crecimiento. Muchas otras empresas también se enfrentaban al principal reto vital tras la quiebra de las puntocoms: cómo gestionar una mayor complejidad técnica mientras aumentaban los ingresos y reducían los costes.[32]

El equipo de Ciudad del Cabo trabajó desarrollando EC2 en 2005 y gran parte de 2006. La oficina se adecentó un poco y pusieron mesas, pero el ambiente seguía un poco dejado. Uno de los primeros empleados recordaba haber visto a un desarrollador caminando descalzo y haciendo juegos malabares cuando acudió para la entrevista de trabajo.[33] Estar tan lejos de Seattle tenía sus ventajas, Pinkham y los demás podían trabajar en paz, sin preocuparse por la famosa microgestión de Bezos. «Me pasaba la mayor parte del tiempo intentando esconderme de Bezos. Era un tipo divertido, pero no era agradable ser su mascota», declaró Pinkham.[34] Jesse Robbins, el ingeniero responsable de mantener en funcionamiento las páginas de Amazon desde Seattle, lo dijo sin tapujos: «Es posible que aquello ocurriera solo porque estaban lejos de la nave nodriza».[35]

Lejos de la nave nodriza, los desarrolladores montaron algo que se parecía mucho a la empresa pública de información que profetizaron los expertos en los años sesenta. Lo consiguieron basándose en una técnica de aquel periodo, la virtualización, que es el arte de engañar a un ordenador para que crea que un recurso simulado es real. Este recurso puede ser un disco duro o un ordenador entero, pero, en cualquier caso, se trata como si fuese el dispositivo en sí; quizá tú no puedes tocar un disco duro virtual, pero el ordenador no sabe discernir.

Los desarrolladores de Ciudad del Cabo usaron la virtualización para llenar de servidores virtuales los servidores físicos. Los primeros se convirtieron en la unidad básica de EC2, que permitiría a los clientes alquilar servidores virtuales. La virtualización tenía dos grandes ventajas. Una era la eficiencia; cuando llenas un solo ordenador físico con muchos virtuales, aprovechas mejor los recursos subyacentes. Por eso, a mediados de la década de 2000, algunas empresas ya habían empezado a usar la virtualización en sus servidores. Pero la otra ventaja, la que los desarrolladores de Amazon privilegiaron, era la escalabilidad.[36]

Poner en marcha un nuevo servidor virtual era mucho más fácil que instalar uno físico. Si tu página tenía de repente demasiado tráfico, podías añadir más máquinas virtuales con solo pulsar unas teclas. Por eso lo llamaban Elastic Compute Cloud, porque la infraestructura era elástica y se podía estirar para dar respuesta a la demanda. Además, esta elasticidad facilitaba la venta de informática con contador, como en el caso de la electricidad, el agua o el gas.

Tras un año y medio de desarrollo en Ciudad del Cabo, EC2 fue lanzado en 2006. Siguió el mismo guion que la división de comercio electrónico: los precios se mantenían bajos para facilitar el crecimiento del negocio; alquilar durante una hora un servidor virtual bastante robusto costaba diez céntimos.[37] Junto con el Simple Storage Service (S3), un sistema de almacenamiento virtual que se lanzó ese mismo año,[38] EC2 sería el producto estrella de Amazon Web Services (AWS). AWS creó el mercado de los servicios de infraestructura en línea y sigue dominándolo.[39]

Llegó en el momento perfecto. En el periodo posterior a las puntocoms, como Google demostró, lo más importante sería reunir datos y encontrar la forma de monetizarlos. AWS ofrecía un conjunto de herramientas bastante asequibles para fabricar, almacenar, organizar y procesar este valioso recurso. Si impulsar la privatización hacia la parte superior del montón significaba, ante todo, convertir internet en un terreno de producción de datos, entonces AWS proporcionó la maquinaria para esta tarea. Su catálogo, que no tardó en ampliarse más allá de EC2 y S3 para incluir decenas de servicios diferentes, permitiría que las empresas más pequeñas, más nuevas o menos tecnológicas crearan centros comerciales virtuales, y que desarrollaran algunas de las capacidades de una empresa como Google sin tener que construir su propia infraestructura o contratar a los ingenieros con más talento.

Estas dinámicas se aceleraron con la aparición de la era del big data en la década de 2010. En ese periodo hubo rápidos avances en aprendizaje automático, una serie de técnicas de reconocimiento de patrones que podía aplicarse a un conjunto de tareas con una precisión cada vez mayor, desde predecir las preferencias de los consumidores hasta la comprensión del habla o el reconocimiento de rostros humanos. Como el aprendizaje automático «aprende» mediante datos, la ingente cantidad de estos que se genera con internet aceleró con creces el desarrollo de la tecnología. Los datos virtuales se convirtieron en la condición indispensable para el crecimiento de los sistemas automáticos que se asociaron con la «inteligencia artificial».[40]

La sofisticación de estos sistemas, y la riqueza y el poder que parecen otorgarles a las grandes firmas tecnológicas provocaron más hambre de datos y la generalizaron. Lo que los sociólogos Marion Fourcade y Kieran Healy llaman el «imperativo de los datos» se implantó en todo el mundo corporativo y en muchos organismos estatales.[41] Las organizaciones empezaron a acumular tantos datos como fuera posible con la esperanza de garantizarse una pequeña inteligencia artificial propia. AWS también podía ayudarles al respecto, vendiéndoles servicios de aprendizaje automático en la nube.

La máquina ubicua

El nacimiento del centro comercial virtual, el auge de la nube y la difusión del imperativo de los datos fueron los vectores que permitieron la privatización profunda de internet en las dos décadas que siguieron a la crisis de las puntocoms. Pero hubo otro cambio que alteró fundamentalmente la forma de la red: la manera de difundirla.

El internet que se fue tejiendo durante los años ochenta era inmóvil. La gente se conectaba desde laboratorios informáticos que solían estar en las universidades. En los noventa, cuando internet empezó a mudarse a los hogares, siguió siendo fijo, aunque estuviese vinculado al ordenador personal. Un usuario de 1990 que viajara en el tiempo a 2005 se encontraría con un mundo virtual muy diferente, pero las interfaces mediante las que experimentaría ese mundo se parecerían mucho: un teclado, un ratón, una pantalla.

Si el mismo individuo viajase a 2020 se encontraría con algo menos conocido. Durante la década de 2010, internet devino móvil. En 2011 solo un 35 por ciento de estadounidenses tenía un teléfono inteligente o smartphone; ocho años más tarde, en 2019, era el 81 por ciento.[42] Al mismo tiempo, cada vez más objetos tenían conexión a internet: coches, termostatos, cámaras de seguridad o equipos industriales. Según Cisco, en 2023 este «internet de las cosas» representaría la mitad de todos los dispositivos conectados del mundo.

En los años ochenta, internet pasó de ser un protocolo a ser un lugar. En las dos décadas siguientes, el lugar creció muchísimo. En la de 2010, se convirtió en un lugar por completo diferente. Cortó las amarras, perdió su anclaje en un punto fijo, se volvió fluido, ubicuo, difuso. Internet ya no era algo a lo que la gente se conectaba, sino algo que siempre estaba allí; sujeto a tu mano, a tu muñeca o en tu bolsillo, en los hogares, las oficinas, las ciudades. La «inteligencia» saturó los espacios de la vida cotidiana.

La «inteligencia» se entiende mejor como la pertenencia de un objeto a toda una capa de computación unida por el lenguaje universal de internet. La «inteligencia» de un objeto depende de que pueda comunicarse con otros ordenadores, sobre todo con los que están en la nube. La nube está al servicio de las aplicaciones y los datos que hacen que los objetos sean «inteligentes», y absorbe los datos que se emiten continuamente, lo que a su vez alimenta los sistemas de aprendizaje automático que dotan de «inteligencia» a estos objetos.

Como una especie de conocimiento en red, la «inteligencia» pertenece a una historia más amplia de seres humanos intentando crear máquinas inteligentes. Una figura importante de esta historia es el matemático Alan Turing, que en los años treinta tuvo la idea de la «máquina universal». Mediante un conjunto limitado de operaciones lógicas, este dispositivo hipotético podría «usarse para calcular cualquier secuencia computable», escribió.[43] Dicho de otro modo, podía ser programado. El concepto de Turing se convirtió en la base de la informática moderna. Una máquina suele diseñarse para una tarea en concreto. Por el contrario, el ordenador es una máquina universal porque es infinitamente programable. Puede darnos indicaciones, prepararnos la declaración de la renta o simular la colisión de partículas subatómicas.

¿Y si esta universalidad se convirtiese en algo ubicuo? ¿Y si las máquinas que pueden hacerlo todo, al menos las tareas computables, estuviesen en todas partes? Si el ordenador es una máquina del todo, ¿qué pasa cuando se convierte en una máquina del «en todas partes»? Sun Microsystems tenía un eslogan, atribuido al científico John Gage: «La red es el ordenador».[44] La frase se ha vuelto infinitamente más cierta de lo que lo era cuando se acuñó en los años ochenta. La red es el ordenador, y el ordenador está en todas partes.

Consideremos, por ejemplo, la «nevera inteligente» que Walgreens empezó a usar en sus tiendas en 2019. Está cubierta de pantallas digitales retroiluminadas. Mientras una clienta está delante decidiendo qué comprará, la vigilan un conjunto de sensores y cámaras. Siguen el iris de sus ojos para saber qué productos está mirando. Hacen fotos de su cara y las envían a la nube, donde los servicios de aprendizaje automático intentan determinar su edad y género.[45] Toda esta información se transfiere a una base de datos para que el minorista y las empresas de bebidas los analicen. Además de eso, su efecto es más inmediato. Puede que Coca-Cola Light esté haciendo una promoción que tiene como objetivo las mujeres jóvenes, y la nube le ha dicho a la nevera que cree que la persona es una mujer joven, de modo que las pantallas digitales que la cubren muestran un anuncio de Coca-Cola Light. Si la clienta acaba comprándola, el dato queda debidamente registrado para su análisis posterior.

Al menos ese era el plan inicial, pero los consumidores protestaron y las neveras nunca adoptaron el registro facial o el seguimiento de iris. En vez de eso, los anuncios dependerían de variables como el clima o la hora del día. Sin embargo, esta historia sirve de ejemplo para una moda que está más extendida. La proliferación de la «inteligencia» tiene como objetivo integrar la vigilancia digital en nuestro mundo físico en igual medida que en el virtual. Si se instalan dispositivos conectados a internet en más lugares, las empresas pueden poner cada vez más nuestras vidas en línea, lo que significa fabricar más datos sobre nuestras existencias. El director ejecutivo de la compañía que creó las neveras inteligentes afirma que Google es una inspiración; el objetivo es llevar el mismo modelo publicitario a los establecimientos físicos.[46]

Con todo, al igual que en el caso de Google, el efecto de esos anuncios es discutible. «Inteligencia» siempre debe ir entre comillas, porque no suele funcionar como promete; para empezar, es imposible determinar el género de alguien si le escaneas el rostro.[47] Sin embargo, las tecnologías no tienen que funcionar exactamente como prometen para que las empresas que las producen obtengan beneficios. Y no cabe duda de que los smartphones y el internet de las cosas han abierto nuevos horizontes para cosechar beneficios. Los mayores centros comerciales virtuales han sido los principales impulsores y beneficiarios de la difusión de internet. La geolocalización de datos de los smartphones permite que Google y Facebook les prometan una segmentación más precisa a los anunciantes.[48] El altavoz inteligente Echo permite que Amazon conozca más sobre sus clientes porque coloca dispositivos de escucha en sus salones.[49] Si los cables de fibra óptica que atraviesan los océanos y los continentes son las arterias de internet, estos son sus capilares. Transmiten los datos por conductos tan finos y numerosos que lo atraviesan casi todo.

Lo paradójico de este fenómeno es que, a la vez que representa una nueva fase de la evolución de internet, también es una vuelta atrás. Los investigadores de la DARPA que crearon el protocolo en los años setenta imaginaban una red con nódulos móviles. Para que el Pentágono aprovechase al máximo sus ordenadores, dijo Vint Cerf, «los ordenadores tienen que estar donde están las personas».[50] La lengua universal de internet pondría los ordenadores donde estaban las personas volviendo accesible el servidor central desde el campo de batalla. Y como las fuerzas no estaban fijas en un lugar cuando estaban luchando, internet tampoco podía estarlo. Por eso, los experimentos llevados a cabo en los años setenta para probar la eficacia del protocolo incluyeron una furgoneta por la autopista que enviaba y recibía paquetes por el aire.

Décadas más tarde, internet vuelve a su idea fundadora. Después de un interludio en el que fue una red de nódulos fijos, está adquiriendo la flexibilidad y la ubicuidad que sus creadores imaginaron inicialmente en los años setenta. Como Cerf esperaba, internet está poniendo los ordenadores donde están las personas. Miles de millones de objetos conectados están conversando continuamente en la lengua franca de internet.

Mando y control

El XVIII Cuerpo Aerotransportado es una unidad del ejército de Estados Unidos diseñada para desplegarse rápidamente en cualquier lugar del mundo. Esto implica llenar aviones de tanques, tropas y otras cosas pesadas necesarias para la guerra. Encontrar la mejor solución para cargar los aviones no es tarea fácil. Hacer un uso eficiente del compartimento de carga es solo una consideración más entre otras, como la de si el avión podrá aterrizar en caso de recibir fuego enemigo. Generar un «plan de carga» óptimo es un cálculo complicado.

A finales de los años setenta, la DARPA pensó que internet podría ser útil. En aquella época, hacer el plan era un trabajo manual; como dijo Vint Cerf, «los tíos corrían por ahí con lápiz y papel intentando resolverlo».[51] Un grupo de empleados de la DARPA dio con una solución, y se hizo una demostración en Fort Bragg, Carolina del Norte, donde estaba el XVIII Cuerpo Aerotransportado, en la que se empleó internet para automatizar el proceso. En la pista había un ordenador conectado a una radio de paquetes, que manejaba un operador. Este accedía, mediante el nuevo protocolo de internet, a un programa en otro gran ordenador conectado a ARPANET, e introducía los datos relevantes, a los cuales el programa respondía con el plan de carga. Tardaron treinta segundos. En papel se tardaba dos días.[52]

Puede que fuese la primera vez en la historia que un ordenador, hablando con otro por internet, le decía a alguien lo que hacer. Es un ejemplo de lo que ahora llamaríamos «gestión algorítmica», y demuestra que el propósito de vincular el ordenador central con el campo de batalla era que el primero pudiese ayudar a gestionar el segundo. Lo planteado por la DARPA al Pentágono se centró en la utilidad de internet para el mando y el control en entornos móviles, pero el internet realmente móvil no apareció hasta muchos años después. Cuando esto ocurrió, volvió el futuro posible que resplandeció brevemente aquel día en Fort Bragg. Como la DARPA había predicho, la elasticidad de internet, su capacidad de transmitir datos a través de redes heterogéneas y de hacerlo a grandes distancias, lo convertía en una poderosa herramienta de gestión algorítmica.

Ninguna empresa ha cumplido con más fuerza esta predicción que Uber. Fundada en 2009, era un centro comercial virtual hecho con el mismo molde que Google, Facebook y Amazon, aunque su mercado no estaba en la atención o los productos, sino en el trabajo, conectando a clientes que querían un servicio con los trabajadores que podían hacerlo, a la carta. Sin embargo, como cualquier otro centro comercial virtual, Uber no solo es un intermediario, sino también un soberano. Se encarga de facilitar interacciones a la vez que ejerce un control detallado de los términos de estas, y este control va mucho más allá del que tiene un creador de mercado. Además de fijar los precios de los servicios

—cuánto cuesta el trayecto en cada ciudad—,[53] desempeña un papel íntimo al determinar cómo se llevan a cabo. El software de la nube de Uber dirige al conductor mediante una aplicación para smartphone. Como en Fort Bragg, un ordenador que habla con otro por internet y que le dice a alguien lo que tiene que hacer.

A veces estas indicaciones son muy directas; la aplicación guía al conductor por la ruta más rápida para recoger y dejar a un pasajero o una entrega, calculada a partir de factores como los patrones de tráfico actuales e históricos.[54] En otras ocasiones las indicaciones son menos directas; la aplicación usa la «tarifa de sobrecarga» para atraer a los conductores a zonas específicas con la promesa de tarifas más altas, o muestra mensajes que les animan a seguir conduciendo cuando están a punto de desconectarse, o utiliza un diseño ludificado basado en la psicología del comportamiento ante las máquinas tragaperras para inducir a los conductores a trabajar más horas.[55] Son ejemplos de lo que los investigadores Alex Rosenblat y Luke Stark llaman «control blando», es decir, expresiones ocultas pero eficaces de autoridad.

Estas técnicas serían imposibles sin las ingentes cantidades de datos sobre sus conductores que Uber fabrica; los observa con tanta atención como se observa a los usuarios dentro de los entornos digitales de Google, Facebook y Amazon. Cuándo conducen, cuánto duran sus trayectos, a qué velocidad van, cómo pisan el freno… La aplicación registra todos esos datos, entre otros, y los transmite a la nube para analizarlos, lo cual mejora sus algoritmos.[56] Las rutas se optimizan, y los premios para animar a los conductores a que sigan trabajando se personalizan cada vez más.

Así pues, la gestión algorítmica permite a Uber y a sus imitadores de la «economía bajo demanda» coordinar el trabajo de millones de trabajadores sin necesidad de encargados y con una tecnología más sofisticada de lo que estos jamás podrían conseguir. Esta es solo una ventaja; la otra es que, al utilizar software en vez de humanos que les digan a los trabajadores lo que tienen que hacer, y como este software utiliza premios y la ludificación, las empresas pueden fingir que nadie les dice a los trabajadores qué deben hacer, de manera que no son trabajadores. Uber se refiere a sus conductores como «socios» o «emprendedores»; desde el punto de vista jurídico, son «contratistas independientes», al menos en Estados Unidos. Esta clasificación es un pilar del modelo de negocio de las empresas de los trabajos bajo demanda, ya que reduce los costes laborales al evitar que tengan que pagar un salario mínimo o cumplir las demás protecciones legales que se conceden a los empleados directos. «En Estados Unidos, el empleo directo aumenta un tercio los costes de las empresas, así que clasificar a los trabajadores como contratistas independientes incrementa significativamente la rentabilidad», señala Veena Dubal, jurista especializada en la economía bajo demanda.[57]

Precisamente por esta razón, empresas de todo tipo se han pasado las últimas décadas externalizando siempre que fuese posible. La consecuencia de esto es lo que el experto en el mercado laboral David Weil llama el «lugar de trabajo agrietado».[58] En vez de contratar a los trabajadores directamente, las empresas recurren cada vez más a contratistas. Uber no fue el primero en usar este modelo y tampoco el primero en combinarlo con internet. De hecho, internet está íntimamente asociado con el auge de la externalización. La tecnología resultó ser un instrumento indispensable para agrietar el lugar de trabajo.

Disciplina a distancia

A las redes se les da bien mover el trabajo. Cuando las oficinas de las empresas se conectaron a principios de los años noventa, los ejecutivos empezaron a usarlas para reorganizar la plantilla. Las redes de área extensa (WAN, por sus siglas en inglés) que abarcan varias sedes permiten a las empresas trasladar las funciones administrativas, como el procesamiento de datos, a lugares con menores costes laborales y de alquiler. Cuando esas redes se conectaron a un internet más amplio, estas funciones pudieron trasladarse mucho más lejos y, cada vez más, al extranjero.[59]

El trabajo en red «apoyó a las organizaciones que querían dividir geográficamente su mano de obra», escribe la economista política Joan Greenbaum.[60] Y no solo geográficamente; a medida que ciertos tipos de trabajo se alejaban del núcleo corporativo, también se externalizaban. El agente de servicio al cliente que estaba en plantilla se convirtió en un operador de centralita subcontratado en otro país.

En este sentido, internet es como el contenedor marítimo, la sencilla caja metálica que revolucionó la logística mundial en los años sesenta y setenta. El contenedor marítimo abarató el transporte de productos al optimizar y mecanizar lo que antes era un proceso laborioso que requería mucho tiempo, y esto permitió a las empresas subcontratar la fabricación de sus productos en cualquier parte del mundo donde fuese más barato. Lo que el contenedor marítimo implicó para la mayor parte del trabajo fabril, internet lo ha implicado para la mayor parte del trabajo administrativo.[61]

Ha «creado una enorme reserva globalizada de mano de obra humana a la que pueden recurrir las empresas, en la medida en que la necesiten: la "nube humana"», escribe el profesor Gavin Mueller.[62] Esta nube humana incluye la inmensa rama administrativa de las grandes firmas tecnológicas, que usan trabajadores autónomos y subcontratados en países con salarios bajos para categorizar conjuntos de datos con los que los algoritmos aprenden a detectar patrones que les sirven en sus operaciones.[63] Un sistema «inteligente» es capaz de identificar la imagen de un caballo, por ejemplo, porque se ha entrenado con millones de fotografías que han sido marcadas previamente por un humano que identificaba las que tenían caballos.

Pero, si internet solo moviese el trabajo, no sería tan útil. El truco de agrietar el lugar de trabajo es que hay que saber mantener cierto control sobre los fragmentos después de haberlos agrietado. Ejercer autoridad desde un puesto de mando es algo directo cuando tienes a tus empleados junto a ti, bajo el mismo techo, pero ¿qué pasa cuando la oficina está desintegrada en un archipiélago global de subcontratas unidas por un cable de fibra óptica?

Internet permite gestionar este archipiélago imponiendo disciplina laboral a distancia; no solo física, sino también a través de las distancias figurativas del lugar de trabajo agrietado. La misma red que se usa para distribuir el trabajo se puede emplear para vigilar y supervisar a los trabajadores que lo realizan. En este sentido, Uber es a la vez representativo de una amplia tendencia y una empresa que opera en el límite. El desanclaje de internet ha permitido poner la nube humana en cualquier lugar. Uno puede abastecerse de humanos allí donde haya señal de internet para un smartphone y gestionarlos algorítmicamente mediante una aplicación. El objetivo es un mundo donde la mano de obra pueda aparecer con la misma facilidad que los recursos informáticos, escalarse para satisfacer la demanda y luego desecharse. Una nube humana de máquinas virtuales donde las máquinas virtuales son personas.

Abstracciones reales

Uber es uno de los protagonistas de la historia de cómo la privatización ascendió en el montón. La nube humana que creó y aquellos a los que inspiró han ayudado a remodelar internet para el mercado, y Uber está hoy en la misma categoría que Google, Facebook, Amazon y los demás grandes centros comerciales virtuales. Pero a diferencia de esas empresas, Uber no obtiene beneficios, sino que pierde miles de millones de dólares al año. De hecho, ninguna tecnológica ha perdido tanto dinero. El único interés de privatizar internet es obtener beneficios, pero Uber y sus colegas de la economía bajo demanda son especialmente poco rentables.[64]

Por un lado, esta extraña situación refleja la influencia del capital riesgo, una popular forma de financiación que da dinero a startups a cambio de acciones. Aunque el capital riesgo es solo una fuente de financiación para las empresas tecnológicas —la mayor parte procede de los fondos de cobertura, los fondos de inversión, los bancos de inversión y los mercados de renta fija y variable—, ejerce una influencia especial debido a sus estrechos vínculos históricos con el sector, y su influencia es palpable en el funcionamiento de muchas firmas tecnológicas. Como los fondos de riesgo están pensados para exigir grandes rendimientos, el ansia de la hiperescala se transmite a las startups en forma de imperativo de crecimiento a cualquier precio. Entonces, una vez que la empresa ha adquirido suficiente cuota de mercado, puede usar su posición dominante para alcanzar el nivel de beneficios que exigen los inversores.

Esta estrategia se popularizó con el auge que tuvo lugar en los años noventa y Amazon la puso en práctica con éxito, aunque nunca gastó tanto dinero como Uber. Pero las condiciones macroeconómicas de las décadas recientes han facilitado la obtención de capital para estas prácticas. Como señala el profesor Nick Srnicek, los tipos de interés bajos, que son el legado de la respuesta de la Reserva Federal a la crisis financiera de 2007-2008 y sus secuelas, han reducido la rentabilidad de diversos activos financieros. «El resultado ha sido que los inversores en busca de mayor rendimiento han tenido que recurrir a activos de riesgo e invertir, por ejemplo, en empresas tecnológicas no rentables y sin garantías», escribe.[65] Uber es de las que más se ha beneficiado de estas prácticas, pero no es la única. Apenas el 18 por ciento de las startups que cotizan en Bolsa valoradas en más de mil millones de dólares eran rentables en 2019, frente al 80 por ciento de las empresas que salieron a Bolsa en los años ochenta.[66]

Con tanto dinero circulando, los inversores pueden permitirse tener paciencia. Pero ¿qué les hace pensar que su paciencia será recompensada? En el caso de Uber, esta fe se puede medir con precisión. A pesar de que la empresa pierde miles de millones de dólares, está valorada en decenas de miles de millones. Entender cómo es posible esta paradoja ayuda a explicar el papel de Uber en la privatización de internet, así como en el horizonte más lejano que representa la creación de dinero en red.

Como cualquier centro comercial virtual, Uber acumula rentas monetarias y rentas de datos. Las primeras son las comisiones que la empresa cobra por trayecto, y que están lejos de cubrir sus costes; por eso pierde dinero. Las segundas son los múltiples flujos de información que Uber obtiene de sus conductores, que se usan para desarrollar y afinar los algoritmos que gestionan su trabajo. Pero no es lo único para lo que se usan esos datos; también sirven para un objetivo psicológico: ayudan a convencer a los inversores de que Uber vale mucho dinero, a pesar de no ser rentable.

Dicho de otro modo, los datos tienen un valor tanto operacional como especulativo, y ambos están conectados. La razón por la cual los datos «atraen capital riesgo y aumentan las valoraciones financieras» es que «los inversores esperan que las empresas plataforma ricas en datos logren ventajas competitivas si crean tipos de eficiencia basados en los datos, sinergias entre sectores y nuevos mercados», según Niels van Doorn y Adam Badger, dos investigadores que estudian la economía bajo demanda.[67] Se espera que la fabricación de grandes cantidades de datos gracias a internet, y la magia del aprendizaje automático y otros modos de análisis lleven a optimizaciones que aumenten los beneficios. Para Van Doorn y Badger, la producción de datos es el núcleo del modelo de negocio de Uber. Su nube humana es una fábrica que produce valor financiero. El trabajo de los conductores se utiliza para la creación de «activos de datos» que permiten garantizar el capital que hace crecer la empresa.

Es una incógnita si este crecimiento se traducirá alguna vez en beneficios. Pero, incluso si no es así, muchas personas e instituciones se habrán beneficiado por el camino. La «ronda semilla» de Uber, es decir, la primera fase de recaudación de fondos, es «una de las mayores inversiones de capital riesgo de todos los tiempos», según *The Wall Street Journal*. En 2010 el fondo de riesgo First Round Capital invirtió 510.000 dólares; en el momento de la OPV de Uber en 2019, su participación valía dos mil quinientos millones de dólares, con lo que la rentabilidad se había multiplicado por casi cinco mil.[68] Bastantes accionistas importantes vendieron sus participaciones, lo cual impidió obtener ganancias cuantiosas. Goldman Sachs, uno de los primeros inversores, vendió a finales de 2019, y seguramente obtuvo cientos de millones de beneficios.[69] Casi al mismo tiempo, Travis Kalanick, el cofundador de Uber, hizo lo mismo y liquidó más de dos mil quinientos millones de dólares en acciones.[70]

Que Uber no sea rentable no significa que ciertas personas bien situadas no puedan obtener beneficios derivados de la especulación, no de la producción. Pero en el capitalismo contemporáneo beneficiarse de la especulación es un medio esencial que permite la acumulación de capital. Desde los años setenta, la economía estadounidense se ha financiarizado cada vez más. El sector financiero ha crecido en tamaño y peso, mientras que el productivo ha menguado. El dinero que se obtiene de mover dinero se ha vuelto tan importante, o quizá más, que el obtenido de la fabricación de cosas. Lo que ofrecen Uber y otras compañías parecidas, sobre todo en sus primeras fases, son vínculos muy lucrativos entre financiarización e internet. Los inversores pueden montarse a una ola de riqueza fiduciaria mientras crece el valor de una empresa, y luego convertir esa riqueza fiduciaria en riqueza real gracias a un «evento de liquidez» como una OPV o una adquisición, independientemente de si la empresa obtiene o no beneficios. Los datos son un lubricante esencial del ciclo, ya que permiten mantener la confianza de los inversores en la posibilidad de obtener rentabilidad.[71]

Punto de saturación

Las empresas tecnológicas no rentables que actúan como vehículos de especulación son un tema muy popular, una de las especialidades de los años noventa. Pero no todas las puntocoms eran tan poco rentables como Uber, que representa algo nuevo, un giro en la historia de la privatización de internet.

Podemos dividir esa historia en tres fases: la ascendente, la triunfal y la barroca. En la fase ascendente, las empresas de telecomunicaciones se hicieron con el control de los conductos y echaron por tierra cualquier intento de imponer cierto grado de control popular, como la propuesta del «carril público en la superautopista de la información». Esta victoria preparó el terreno para el auge de las puntocoms. El argumento de este auge era que, como los conductos estaban a salvo en manos del sector, la privatización se podía impulsar hacia arriba del montón.

Se tardó más de lo esperado, pero en los años siguientes a la caída de las puntocoms, el objetivo se logró con creces. Los centros comerciales virtuales surgieron entonces para mediar en una serie de interacciones digitales a la vez que generaban datos sobre estas y los datos se monetizaban de diversas formas. El auge de la nube y la evolución de técnicas de big data como el aprendizaje automático fueron herramientas valiosas para organizar y analizar datos, mientras que la difusión de internet por medio de los smartphones y el internet de las cosas abrió nuevas perspectivas para fabricarlos. Esta fue la fase triunfal, en la que se remodeló internet con el propósito de maximizar los beneficios y se convirtió así en la base de empresas extremadamente exitosas.

De hecho, tenían tanto éxito que los inversores estaban dispuestos a invertir en startups sumas sin precedentes con la esperanza de encontrar la siguiente gallina de los huevos de oro. Estas startups podían retrasar la rentabilidad mientras su valor aumentaba, lo que permitía que sus accionistas obtuviesen beneficios cuando salían a Bolsa o las adquiría una empresa más grande. En particular, las adquisiciones aumentaron cuando las grandes firmas tecnológicas empezaron a hacer compras compulsivas con las considerables reservas de efectivo que habían acumulado gracias a su creciente poder monopolístico y a elaborados planes de evasión fiscal. Las startups se compraban por su tecnología o su personal, o simplemente para evitar que se convirtieran en competencia. Facebook ha adquirido casi cien compañías, y Google más de doscientas.[72]

Todo esto le añade una nueva dimensión a la dinámica de la monetización de datos, que permite que Google y Facebook vendan anuncios y que Amazon venda productos (y anuncios). Pero los datos también permiten que Uber se venda a sí mismo, es decir, su capital; se convierten en dinero mediante la interacción con la psicología de los mercados financieros. Esta es la fase barroca de la privatización de internet, en la que el capital es tan abundante y los rendimientos potenciales tan grandes que los inversores pueden vivir solo de esperanza.

Sería fácil calificar este comportamiento de irracional, compararlo con las alucinaciones colectivas propias a la era de las puntocoms. En algunos casos, no cabe duda de que se está llegando a un nivel de delirio parecido, pero, en conjunto, internet es ahora muy diferente de lo que era en los años noventa, entre otras cosas porque se han forjado modelos de negocio reales. En este sentido, los logros de la fase triunfal son la condición que necesitaba la fase barroca para sus excesos. En 2020 la suma de los beneficios de Facebook, Amazon y la empresa matriz de Google, Alphabet, alcanzó los noventa mil millones de dólares. Quizá los inversores que desperdician su dinero en startups no tengan éxito, pero el sector puede hacer gala de un historial de rendimientos reales e impresionantes.

Además, el capital no tiene muchos otros lugares adonde ir. La tecnología es uno de los pocos centros de beneficio que se mantienen en una economía que lleva décadas en desaceleración. En los años setenta, las tasas de crecimiento del producto interior bruto y de la productividad laboral empezaron a caer, y desde entonces han ido cuesta abajo.[73] Esta pérdida de dinamismo no se limitaba a Estados Unidos; la historia se repetía en Europa occidental y en Japón. Cada década ha experimentado desde entonces un declive más pronunciado que la anterior, las economías obtuvieron peores resultados en los años ochenta que en los setenta, y así sucesivamente. Las primeras décadas del siglo XXI, con la crisis financiera y las consecuencias económicas de la pandemia del COVID-19, han sido especialmente duras. Pero el estancamiento, como demuestra el economista Thomas Piketty, no es perjudicial para todos. La economía de Estados Unidos se ha ralentizado, pero también se ha vuelto más desigual; desde los años setenta, el 0,1 por ciento de los estadounidenses más ricos han quintuplicado el porcentaje de la riqueza que acaparan del país.[74]

Con el auge de la economía virtual desde los años noventa, no se reinició el malogrado motor del crecimiento del capitalismo estadounidense, como esperaban algunos. No pudo reemplazar al mermado sector industrial, que había impulsado décadas de rápida expansión económica y una prosperidad relativamente compartida antes de tocar fondo en los setenta. Un internet privatizado no iba a inaugurar una nueva época dorada, sino a instalarse cómodamente en las coordenadas ya existentes. Su legado económico sería la creación de islas de superbeneficios en un mar de estancamiento, la coronación de varias decenas de multimillonarios en una época de salarios a la baja y la hipertrofia de los mercados inmobiliarios de lujo en medio de una inseguridad generalizada en materia de vivienda. Para los que ocupan u orbitan estas nuevas zonas de poder, la privatización es una historia de éxito. Para los que no, el panorama es más complicado.

8

Depredadores inclusivos

Doug Schifter se pasó más de cuarenta años conduciendo por Nueva York para ganarse la vida. Entonces, en 2011, llegó Uber. En los años siguientes, la empresa llenó la ciudad de vehículos de transporte con conductor. Los ingresos de Schifter como conductor de estos coches cayeron en picado, incluso trabajando ciento veinte horas por semana. Llegó al límite de sus tarjetas de crédito, dejó de pagar la hipoteca y empezó a trasladar sus pertenencias a un almacén. Finalmente, la mañana del 5 de febrero de 2018, condujo hasta el ayuntamiento y se suicidó con una escopeta.[1]

Quería que su suicidio fuese una declaración. Se había pasado años criticando a Uber y a sus aliados políticos por haber destruido su sustento en una columna periódica de la revista especializada *Black Car News*.[2] En una nota que publicó en Facebook poco antes de su muerte, describía la nefasta situación que habían creado las empresas de servicios bajo demanda. «Debido a la enorme cantidad de coches disponibles, con conductores desesperados que intentan alimentar a sus familias, recortan las tarifas por debajo de los costes de explotación y obligan a profesionales como yo a abandonar el negocio. Cuentan el dinero y nos echan a la calle, convertidos en hambrientos indigentes. No seré un esclavo ni trabajaré por calderilla. Prefiero morir», escribió.[3]

Nunca podremos entender del todo lo que pasa en la mente de alguien que decide quitarse la vida. Sin embargo, según el relato del propio Schifter, Uber era en parte responsable. Su historia nos abre una ventana al mundo que internet ha contribuido a crear y nos da una lección acerca de la complejidad y la frecuente crueldad de sus efectos.

Una existencia enmarañada

A medida que la privatización ascendía desde el sótano de internet hacia los pisos superiores, desde los conductos hasta las mal llamadas «plataformas», instalaba el ánimo de lucro en la red. Esto conllevó cierta invariabilidad en el montón, ya que el propósito de Comcast y Facebook es ganar dinero. Pero tras esta invariabilidad hay una gran cantidad de variaciones, ya que Comcast y Facebook no ganan dinero de la misma forma. Las consecuencias sociales también difieren.

Comcast gana dinero vendiendo acceso a internet. Un régimen regulador flexible, que consiguieron décadas de cabildeo eficiente, permite que empresas como Comcast provean acceso a internet en condiciones extractivistas. Se premia a los inversores y se descuida la infraestructura. El resultado es una organización sumamente antidemocrática, que sufren sobre todo los usuarios pobres y residentes en áreas rurales, pero incluso aquellos que viven en zonas mejor conectadas lidian con velocidades lentas y un servicio irregular. La conectividad, que es una condición de la posibilidad de vivir una vida libre, está distribuida de manera desigual y precaria. Mientras tanto, a todo tipo de comunidades se les niega la oportunidad de participar en las decisiones que les afectan, que toman ejecutivos y accionistas y están determinadas por el ánimo de lucro.

En la parte superior del montón, donde nació y se enraizó el centro comercial digital, la situación es diferente. Allí, el dinero no se gana vendiendo el acceso, sino monetizando la actividad, pero esta es de diversa índole y se monetiza de manera diferente. Si el negocio de las empresas de telecomunicaciones es enviar paquetes por tubos, los centros comerciales virtuales son una especie más variada y también más complicada.

Uber, por ejemplo, es una empresa de internet. La red es el tejido conectivo que vincula las aplicaciones de smartphone de los conductores con las de los clientes, y ambas a su software en la nube. Pero la tecnología es solo un elemento del éxito de Uber, y no tiene tanto peso como se suele pensar. Como la jurista Veena Dubal ha señalado y Doug Schifter ha analizado en sus columnas, la política ha sido crucial, en particular la presión que la empresa ha ejercido sobre reguladores y responsables políticos. En una ciudad tras otra, esta presión ha permitido que Uber esquive antiguas normativas municipales sobre las tarifas y el número de vehículos en circulación permitidos. La aportación monetaria sin límites de los inversores también ha sido determinante, ya que sirve para financiar grupos de presión y subvencionar las bajas tarifas que compiten con las de los conductores ya existentes, como Schifter. Finalmente, la clasificación jurídica de los conductores de VTC como trabajadores independientes es un pilar del modelo de negocio, ya que mantiene bajos los costes laborales.[4]

Cada uno de estos elementos es inseparable de internet. El hecho de que Uber sea una empresa de la red ha permitido convencer a políticos y reguladores de que debería estar exenta de cumplir con las regulaciones que afectan a los taxis y que se establecieron hace un siglo, ya que representa una nueva forma de negocio, una «empresa de transporte en red». Algo parecido ha ocurrido con el enorme volumen de datos de Uber, fabricados gracias a internet, que ha conseguido convencer a los inversores de que financien generosamente a la empresa. Y los algoritmos de gestión que estos datos alimentan han permitido mantener la ficción de que los conductores son trabajadores independientes, ya que enviar órdenes a las personas mediante la aplicación camufla la realidad del yugo de Uber.

Estas interacciones ilustran una cuestión importante. Un centro comercial virtual es un conjunto de componentes técnicos que están enmarañados con un conjunto más amplio de fuerzas políticas, jurídicas y financieras. Estos enmarañamientos son funcionales, son lo que permite que el centro comercial virtual funcione. No son un contexto, sino un medio; no son el telón de fondo sobre el que operan los centros comerciales virtuales, sino los canales a través de los que operan.

Un centro comercial virtual nunca existe en su forma «pura», sino que posee ciertas marcas; es a la vez un intermediario, un soberano y un beneficiario de los efectos de red, y se mantiene fiel a la fabricación y la monetización de los datos. Pero estas características siempre se expresan mediante el entramado institucional en el que está inserto un centro comercial virtual en particular, es decir, mediante sus enmarañamientos. Esto explica por qué Google, Facebook, Amazon y Uber comparten características básicas y difieren en cuanto a sus efectos. Todos están diseñados para obtener beneficios económicos de los pisos superiores de internet, pero las consecuencias de sus actividades, la impronta que dejan en el mundo, son diferentes para cada uno.

Sin embargo, algo tienen en común. Los centros comerciales virtuales, sean cuales sean sus enmarañamientos particulares, son máquinas de generar desigualdades. En concreto, lo que hacen es reasignar la distribución de los riesgos y las recompensas. Hacen descender los primeros a las capas más bajas y ascender estas últimas a las más altas, donde se concentran en una cantidad de manos muy limitada.

Riesgo y recompensa

En su carta de suicidio, Doug Schifter reflexionaba sobre la vida antes de Uber. Las regulaciones aplicadas a los taxis «limitaban la competencia, de manera que en tiempos de vacas flacas los trabajadores seguían ganándose bien la vida», señalaba.[5] Esas regulaciones, que los conductores conquistaron gracias a luchas colectivas un siglo antes,[6] eran técnicas de reducción de riesgos. Al limitar el número de taxis disponibles, reducían el riesgo de que los conductores no consiguieran hacer suficientes carreras como para tener un salario digno.

La llegada de Uber cambió estas regulaciones. «Ahora hay demasiadas personas comiendo del mismo pastel, y no hay suficiente para todos», escribía Schifter.[7] Se volvió más difícil conseguir pasajeros. Y, como tanto a los conductores de taxi como a los de VTC se les considera trabajadores independientes (el modelo ya estaba extendido en el sector del taxi antes de Uber), no había un salario mínimo en el que basarse. Sin embargo, no todos sufrían esta situación; mientras que los medios de subsistencia de los conductores se volvían más precarios, el valor de Uber como empresa crecía. Los ejecutivos ganaban dinero, los ingenieros más o menos también y los inversores se estaban haciendo ricos.

El resultado, como predijo Schifter, fue que se pauperizara una profesión que antes permitía a sus trabajadores un sustento aceptable de clase media baja. Aunque la opacidad de los datos que controlan las empresas impide la obtención de cifras a escala nacional, varios estudios han demostrado que los salarios de los conductores de VTC en muchos mercados urbanos son bajos. Suelen ganar por debajo del salario mínimo y son pobres.[8] Un estudio de 2019 llevado a cabo por investigadores de la Universidad de Georgetown concluyó que la mitad de los conductores de Uber encuestados en Washington D. C. vivían por debajo del umbral de pobreza del país.[9]

Inspiradas por el ejemplo de Uber, un conjunto de startups ha intentado «uberizar» otros servicios.[10] Sus esfuerzos cobraron nueva fuerza tras la aprobación de la Proposición 22 en California, un referéndum de 2020 que consolidó el estatus legal de los conductores de VTC como trabajadores independientes. El resultado de este voto lo compraron en parte las compañías de servicios bajo demanda, que se gastaron doscientos millones de dólares en su campaña.[11] Sin embargo, cuando escribo estas líneas, el futuro de dicha ley está en duda, ya que en agosto de 2021 un juez de California dictaminó que la disposición violaba la Constitución, a lo cual las empresas respondieron presentando un recurso.[12] En cualquier caso, el sector sigue intentando establecer una legislación similar en otros estados y a escala nacional. En un artículo de opinión, el inversor de riesgo Shawn Carolan afirmó que el ejemplo de la Proposición 22 podría allanar el camino para que todo se uberice, desde la agricultura hasta la seguridad social o la ingeniería informática.[13] Esto también envalentona a los empresarios: un mes después de que se aprobase la Proposición 22, la cadena de supermercados Albertsons, de California, reemplazó a cientos de repartidores sindicados por conductores de DoorDash.[14] La situación es como la que ya imaginó Schifter. «Es demasiado tarde para mí, ¿quién será el siguiente? ¿Quizá tú y los tuyos?», escribió en su última publicación en Facebook.[15]

Sin embargo, por cada trabajador frente a una aplicación, hay muchos más detrás. De hecho, los centros comerciales virtuales de todo tipo requieren mano de obra intensiva, y solo una parte del trabajo lo llevan a cabo empleados directos; la mayor parte lo realizan miembros subcontratados de una inmensa fuerza de trabajo en la sombra que hace de todo, desde cocinar las suculentas comidas de las oficinas de la élite en Silicon Valley hasta trabajar en los centros de datos de los que depende la nube.[16]

También hacen las tareas repetitivas que mantienen en funcionamiento la maquinaria de los centros comerciales virtuales, desde el etiquetado de conjuntos de datos para modelos de aprendizaje automático hasta el barrido de páginas de redes sociales para eliminar contenido obsceno u ofensivo. Esta última capa es lo que la antropóloga Mary L. Gray y el informático Siddharth Suri llaman «trabajo fantasma», y es especialmente vasto y global.[17] Desde Kenia hasta India y Estados Unidos, hay trabajadores pegados a pantallas a los que se les cronometra la velocidad a la que marcan una «fotopolla» o clasifican la foto de un perro. Son los autómatas humanos sobre los que se construyen los sistemas automatizados, o que parecen automatizados.

Esta fuerza de trabajo en la sombra es tan indispensable para el buen funcionamiento de los centros comerciales en línea como la cantidad relativamente reducida de empleados directos que escriben el código y diseñan las interfaces. Sin embargo, los trabajadores en la sombra suelen cobrar mucho menos y no tienen prestaciones, o muy pocas, a pesar de trabajar para algunas de las empresas más rentables del mundo.[18] A veces, como es el caso de los moderadores de las redes sociales que se pasan el día filtrando imágenes de decapitaciones y de abuso infantil, también se enfrentan a condiciones de trabajo traumáticas.[19] Están hechos para cargar con los riesgos, mientras que las recompensas se las llevan otras personas.

La subcontratación del trabajo no es una práctica exclusiva de las empresas tecnológicas, claro está; en la era del lugar de trabajo agrietado, es la norma. Lo que distingue a los centros comerciales virtuales es la forma en que los riesgos y las recompensas se redistribuyen, mediante un proceso llamado «integración depredadora».

Según la socióloga Tressie McMillan Cottom, la integración depredadora es una de las dinámicas que definen la economía política de internet. Lo describe como «la lógica, la organización y la técnica de incluir a consumidores-ciudadanos marginados en planes de movilidad aparentemente democratizadores bajo condiciones extractivistas».[20] ¿Qué significa esto en la práctica? Cottom utiliza el ejemplo de las universidades en línea, a las que recurren mayoritariamente mujeres negras que se endeudan para poder pagar los gastos de matriculación. Se consigue la integración de un grupo históricamente excluido, pero bajo condiciones extractivistas.

Este es el patrón que siguen los centros comerciales virtuales. Los estadounidenses racializados que pertenecen a comunidades con tasas de desempleo elevadas pueden ganar dinero como trabajadores bajo demanda. Las mujeres que tienen que quedarse en casa para ejercer un trabajo de cuidados pueden ganar dinero haciendo trabajo digital a destajo mientras el bebé duerme. Los habitantes de barrios marginales de países pobres pueden ganar dinero etiquetando conjuntos de datos. Los ejemplos son infinitos. Las personas cuya vida y trabajo se han devaluado a causa de las exclusiones históricas y actuales del racismo, el sexismo y el imperialismo encuentran una vía de salida en los puestos de trabajo elásticos de internet.[21]

Al permitir que las empresas distribuyan el trabajo mientras mantienen el control de los trabajadores, internet ha servido para que más capas de humanidad entren en la relación salarial. Pero esto se ha conseguido de manera que las exclusiones precedentes se reinscriben en esa relación. El sustento que se ofrece es exiguo e insignificante, además de comportar grandes riesgos. Se incluye a los excluidos, pero solo con la condición de que se ocupen de la mayor parte del riesgo y renuncien a las recompensas.

Remasterizado

La integración depredadora no se limita al mundo laboral, sino que es un fenómeno más amplio con efectos más amplios. También permea los entornos mediáticos creados por los centros comerciales virtuales, esos espacios públicos de propiedad privada donde las personas consumen información, se reúnen y socializan.

Una mañana de la primavera de 2011, una estudiante de doctorado llamada Safiya Umoja Noble tecleó «chicas negras» en Google y le dio a «buscar». Los resultados de la búsqueda le sorprendieron. Estaba buscando actividades de tiempo libre para su joven hijastra, y lo que Google le sugería eran páginas porno. «Esta información que, según la clasificación, era la mejor de los resultados de la búsqueda, no era, desde luego, la mejor información para mí ni para las chicas que me importan. Entonces ¿para quién es esta la mejor información y quién lo decide?», reflexionaba. Esta pregunta puso en marcha el proyecto de investigación que serviría de base para la tesis de Noble, que luego se convertiría en su primer libro.[22]

En los años noventa, la idea del ciberespacio como un ámbito que había superado las desigualdades ligadas a la raza y al sexo estaba muy extendida. Los anuncios de televisión de aquella época traficaban con ella, así como muchos expertos destacados.[23] Los cuerpos se dejaban atrás, junto con las diferencias inscritas en ellos y las injusticias que provocaban esas diferencias. «Nuestro mundo está a la vez en todas partes y en ninguna, pero los cuerpos no viven en él», escribió el ciberlibertario John Perry Barlow en 1996.[24]

Sin embargo, era evidente que internet era un lugar en el que vivían los cuerpos, aunque esta evidencia estaba reservada solo a aquellos cuyos cuerpos no eran blancos ni masculinos. El ciberespacio estaba plagado de la intolerancia que los usuarios llevaban consigo. «No se trataba de saber si el racismo asomaría la cabeza en este nuevo mundo. El racismo, avivado por el odio a los negros, ya estaba allí desde el inicio», explica Charlton McIlwain en su historia del internet negro.[25] En los inicios de internet, no era necesario pasar demasiado tiempo en los foros y las salas de chat para toparse con mensajes racistas y misóginos. Algunos grupos de odio organizados crearon una «cabeza de playa»; el neonazi David Duke fue uno de los primeros entusiastas y elogiaba internet por ser una herramienta para «la revelación racial».[26]

El hecho de que la opresión apareciese en espacios virtuales no significaba que lo hiciera bajo la misma forma. La frontera que dividía al mundo virtual del real era porosa, pero era un límite al fin y al cabo. El nuevo medio requería nuevos ajustes. La profesora Lisa Nakamura, que empezó a estudiar el fenómeno en los años noventa, acuñó un término para describir lo que percibió, «cibertipar». «Las imágenes de la raza generadas por los medios de comunicación tradicionales son la señal analógica que internet optimiza para su reproducción y transmisión digitales», escribe. Para convertir un disco de vinilo en un CD, tienes que convertir una señal analógica en una digital. De la misma forma, cibertipar implica la remasterización de la opresión para internet, un proceso que «conserva el "contenido" de la obra original y lo optimiza para que funcione en un nuevo formato».[27]

Pero internet cambiaría mucho con el paso de los años. Cuando la red artesanal de los años noventa dio paso a las máquinas y los monopolios del nuevo milenio, cuando los centros comerciales empezaron a centralizar y estandarizar la vida en línea, la opresión volvió a remasterizarse. Pasar un vinilo a un CD cambia el formato, pero al menos conserva el concepto de álbum. Compara eso con servicios de streaming como Spotify, donde el álbum ha sido eclipsado por las listas de reproducción generadas mediante algoritmos. Algo análogo ha ocurrido con la cibertipización a medida que la privatización ascendía por el montón e internet entraba en la era del centro comercial virtual. La opresión ya no solo era digital, no solo funcionaba en cadena, sino que se volvió algorítmica.

Por eso Safiya Umoja Noble decidió titular su libro *Algorithms of Oppression*. La información en el internet primigenio la organizaban, en su mayoría, humanos; en la era de los centros comerciales virtuales, la organizan, en su mayoría, algoritmos. La automatización fue fundamental desde el inicio para la propuesta de valor. Desde los tiempos en que funcionaba en una habitación del campus, el motor de búsqueda prometió una manera programática de medir la calidad y la relevancia de las páginas, en vez de depender de moderadores humanos, como era el caso de Yahoo! Cuando Google se fue del campus y se convirtió en un negocio, la ventaja económica de su estrategia se hizo evidente. Los moderadores humanos eran caros, así que Google dejaría que los algoritmos hiciesen el trabajo.

Al principio los algoritmos eran bastante sencillos, pero a medida que han pasado los años se han vuelto totalmente indescriptibles. La clasificación de las páginas que realiza Google es producto de un cálculo muy complejo que utiliza muchos datos de entrada diferentes; es tan complejo que incluso a los ingenieros de Google les cuesta explicar ciertos resultados. Además, el código es un secreto comercial altamente protegido, así que las personas ajenas a la compañía no tienen acceso a la información sobre cómo funcionan los mecanismos. Aun así, se conocen las líneas generales.[28]

El motor de búsqueda examina los contenidos de las páginas web y las relaciones entre ellas, mientras que un conjunto de circuitos de retroalimentación permite que el sistema «aprenda» del comportamiento de los usuarios. Mientras tanto, los propietarios de las páginas afinan el código para que a los algoritmos les resulte más atractivo. Esto se llama «posicionamiento en buscadores», también conocido como SEO, y ayuda a las páginas web a subir la escalera hasta posicionarse en la primera página de resultados. Por último, los anunciantes pueden comprar espacios para anuncios asociados con ciertos términos de búsqueda. La interacción de esas actividades fue lo que provocó que Google respondiera con webs porno a la búsqueda de Noble de «chicas negras» en 2011. Actualmente no es así; los algoritmos se actualizan con frecuencia y provocan cambios en las clasificaciones de las búsquedas.[29] Sin embargo, como señala Noble, es fácil encontrar otros casos de resultados sesgados; por ejemplo, una búsqueda en Google Imágenes de «peinados pocos profesionales para ir a trabajar» seguía mostrando básicamente a mujeres negras con el pelo natural.[30]

Así funciona la cibertipización en la era de los centros comerciales virtuales. Responde a una lógica familiar, la de la integración depredadora. Por un lado, Google parece ofrecer un entorno informativo más rico que la prensa, la televisión o las películas; puedes buscar prácticamente cualquier tema y encontrar páginas web que versen sobre él. Esto significa que los grupos tradicionalmente infrarrepresentados en los medios de comunicación encuentran en internet una amplia y abundante representación. Sin embargo, esta inclusión suele lograrse de una manera que reitera las exclusiones originales. Puede que las mujeres negras sean más visibles en una búsqueda de Google, pero esta mayor visibilidad es filtrada a través de estereotipos que ya circulaban en los medios de comunicación tradicionales, como la percepción de las mujeres negras en calidad de personas hipersexualizadas o poco profesionales.[31]

Ideologías como el racismo no solo se perpetúan mediante los estereotipos. La historiadora Barbara J. Fields explica que «deben crearse y verificarse continuamente en la vida social».[32] Tienen que mantenerse mediante prácticas colectivas, decisiones políticas y acuerdos institucionales que provocan desigualdad, como índices de pobreza y de encarcelamiento más elevados entre los estadounidenses negros. Los centros comerciales virtuales también tienen su parte de responsabilidad en esto. Durante años, Facebook permitía la segmentación de la publicidad en función de la raza, el género, la discapacidad y otras características. Este tipo de discriminación está prohibida por ley cuando se trata de anuncios de empleo, vivienda y crédito. Hasta 2019, después de una demanda del Departamento de Vivienda y Desarrollo Urbano de Estados Unidos y la Unión Estadounidense por las Libertades Civiles (ACLU), Facebook no reformó su portal de anuncios para cumplir la ley.[33]

Pero la discriminación persiste. Aunque un prestamista no puede decir que quiere que su anuncio de hipotecas solo se muestre a prestatarios blancos, puede utilizar proxies para encontrar rutas alternativas que le lleven a esa audiencia. Por ejemplo, pueden segmentar por tipo de empleo y elegir puestos ocupados en su mayoría por blancos, como el de ingeniero informático. El mismo algoritmo contribuye a la exclusión.[34] Facebook aspira a enseñarles a las personas anuncios más «relevantes», y para ello usa datos históricos sobre las diferentes interacciones de los usuarios con cierto tipo de publicidad. Si las mujeres negras no suelen entrar en los anuncios de préstamos hipotecarios y el código de Facebook ha inferido, gracias a un análisis de tu actividad en línea, que eres una mujer negra, es menos probable que veas un anuncio de préstamo hipotecario. Cuando un equipo de investigadores de la Universidad del Nordeste, la Universidad del Sur de California y la organización sin ánimo de lucro Upturn publicaron una serie de anuncios de Facebook dirigidos a audiencias aleatorias, descubrieron que la discriminación de este tipo está generalizada. Las ofertas de empleo para enfermeras se mostraban más a las mujeres; las de conserje, a personas negras. El software «ve» algunos grupos, pero esa visibilidad solo sirve para que empresas que capitalizan la desigualdad marquen a los miembros y les ofrezcan un trato desigual. Como ocurre con otras formas de integración depredadora que funciona dentro de los centros comerciales virtuales, la recompensa se concentra y el riesgo se difunde.[35]

Oportunistas de la innovación

En 2015 un neonazi llamado Dylann Roof asesinó a nueve personas negras en una iglesia del centro de Charleston, en Carolina del Sur. Según un manifiesto que publicó en internet, Google desempeñó un papel clave en su radicalización. Como describe Safiya Umoja Noble, Roof efectuó una búsqueda de «crímenes de negros contra blancos» y se encontró con la página del Consejo de Ciudadanos Conservadores, un grupo racista y supremacista. Gracias a la mediación algorítmica de Google, la propaganda fascista encontró un lector receptivo.[36]

El fatídico hallazgo de Roof señala otra dimensión de la integración depredadora. Los centros comerciales virtuales son depredadores no solo por cómo integran, sino también por a quién integran. Al Consejo de Ciudadanos Conservadores le hubiese resultado difícil llegar a un público amplio a través de medios de comunicación tradicionales, pero consiguieron hacerse con un lugar destacado en los resultados de búsqueda de Google, a buen seguro gracias a técnicas SEO. Este tipo de manipulación resulta bastante común, especialmente en las redes sociales, y es clave a la hora de generar desigualdad en los centros comerciales virtuales.[37]

Los centros comerciales virtuales son máquinas de desigualdad en parte porque ofrecen nuevas oportunidades a las fuerzas políticas comprometidas con la promoción de la desigualdad, es decir, las fuerzas de la derecha, que, como sostiene el politólogo Corey Robin, siempre se han dedicado a defender la jerarquía; esta defensa, no obstante, es sorprendentemente radical. Desde que tras la Revolución francesa se formó el conservadurismo moderno, este ha llevado a cabo insurgencias desde arriba para combatir las insurgencias desde abajo. La cuestión no es preservar el antiguo régimen, sino reconstituirlo sobre unas bases fortalecidas, lo que Robin llama el «nuevo antiguo régimen».[38]

Percibir a los conservadores como radicales ayuda a explicar un tema que se repite a lo largo de su historia: su increíble creatividad en el uso de las tecnologías mediáticas de su época. En todos los periodos son «oportunistas de la innovación», expresión acuñada por Jessie Daniels.[39] Las campañas por correo fueron decisivas para su éxito en los años setenta, y la radio lo fue en los ochenta y noventa. En nuestra época, han dirigido su talento a internet, en particular a las redes sociales. Llevando a cabo una ofensiva bien organizada, activistas de derechas han convertido las redes sociales en un acelerador de sus políticas. De hecho, el resurgimiento de la extrema derecha tanto en Estados Unidos como en todo el mundo es difícil de imaginar sin este desarrollo. David Duke, un antiguo líder del Ku Klux Klan, vio más claro el futuro de internet que John Perry Barlow, antiguo letrista de Grateful Dead.

Pero ¿cómo se ha hecho realidad, exactamente, la visión de Duke? ¿Cómo politizan a las personas los centros comerciales virtuales de las redes sociales? Este asunto es muy complejo y confuso.

Más allá de la burbuja

La versión popular dice algo así como que a los usuarios se les está manipulando a base de desinformación. La desinformación está promoviendo la polarización. La difunden principalmente agentes externos y está diseñada para despertar emociones fuertes como la ira a fin de poder expandirse con facilidad. Se expande con facilidad porque las redes sociales están optimizadas para que los usuarios reaccionen, ya que la atención de estos se traduce en dólares recaudados a través de la publicidad, y el contenido provocador y exasperante suele obtener más reacciones. Por último, las cámaras de eco generadas mediante algoritmos («burbujas de filtros») crean vectores perfectos que transmiten esos contenidos. Aisladas y protegidas de la influencia moderadora de los medios de comunicación de masas y de las consideraciones discordes de otros usuarios, estas burbujas se convierten en un caldo de cultivo para el extremismo.

En esta historia hay elementos reales, pero en buena medida es engañosa. Parte de una serie de supuestos cuestionables y se basa en un modelo mecanicista excesivamente simplificado sobre cómo interactúan el software, la psicología y la política.

La polarización es un buen punto de partida, pero es un término tristemente impreciso. Algunos investigadores se centran en la «polarización afectiva» —básicamente, en cómo se odian los republicanos y los demócratas—, mientras que otros observan la ideología, los patrones de voto y otras variables. Pero, al margen de cómo se defina la polarización, hay pocas pruebas de que la causen las redes sociales. Un estudio que llevaron a cabo los economistas Levi Boxell, Matthew Gentzkow y Jesse M. Shapiro concluyó que la polarización —definida aquí como una combinación de seis variables, desde la coherencia ideológica de las opiniones hasta el escaso trasvase de votos entre un partido y otro— «ha aumentado más entre los grupos demográficos que menos utilizan internet y las redes sociales», es decir, las personas de más de sesenta y cinco años.[40]

El marco de la polarización tiene otro problema: presupone una equivalencia falsa entre la izquierda y la derecha. Es cierto que los movimientos de izquierdas se han beneficiado de las redes sociales. Occupy Wall Street, Black Lives Matter y las candidaturas de Bernie Sanders seguramente no hubiesen alcanzado tanta visibilidad si no fuese por Twitter y Facebook. El trasvase de poder de los medios de comunicación tradicionales a los mundos informativos más repartidos de las redes sociales ha permitido que las ideas socialdemócratas, socialistas y antirracistas circulen más.

Sin embargo, la derecha tiene muchos más recursos con los que aprovechar este cambio. Tienen donantes ricos, un sofisticado manejo de los medios de comunicación y un control absoluto del Partido Republicano. No es casualidad que las publicaciones con enlaces de los grupos públicos de Facebook en Estados Unidos sean en su mayoría de gurús de derechas como Ben Shapiro.[41]

Además, no son los agentes externos, sino figuras como esta, quienes inundan las redes sociales de información falsa. Investigadores de la Universidad de Nueva York han descubierto que las fuentes de noticias de extrema derecha son las que reciben los niveles más altos de implicación por seguidor, y que esas fuentes se vuelven más populares si difunden información falsa, lo cual no es el caso de las fuentes de centro o de izquierdas.[42] Mientras tanto, a pesar de la cantidad de atención que se prestó al papel de las operaciones rusas para influenciar las elecciones de 2016, este no tuvo ningún efecto real, según la investigación que llevaron a cabo Yochai Benkler, Robert Faris y Hal Roberts.[43] De hecho, estas operaciones supusieron «una forma de subirse al carro» de la derecha, escribe Benkler, e impulsaron falsos relatos que en un principio inventaron las fuerzas nacionales.[44]

Estas fuerzas tienen a su disposición un gran abanico de canales. Pueden hacer circular propaganda no solo en las redes sociales, sino por todo un ecosistema mediático derechista, desde la radio hasta la televisión por cable y las páginas web de periódicos.[45] Todas estas vías se superponen y se fusionan. Fox News es el canal de televisión con más audiencia de Estados Unidos y a su vez uno de los perfiles más populares en Facebook.[46] Los grupos de derechas consiguen a menudo introducir sus narrativas en los medios de comunicación de masas de centro, para lo que usan una serie de técnicas que las investigadoras Alice Marwick y Rebecca Lewis llaman «comerciar con la cadena».[47] Los canales ajenos al ecosistema mediático de la derecha son reclutados para promover propaganda reaccionaria e incluso bulos.

Comerciar con la cadena no solo provoca un efecto amplificador, sino que legitima el mensaje. Cuando algo se repite desde cada vez más lugares y estos son cada vez más populares, más creíble parece. Dicho de otro modo, es cuestión de persuasión. Esto plantea una cuestión esencial: internet no manipula a los usuarios porque la manipulación es un mito. La información que las personas encuentran en internet importa, pero la relación de esta con las ideologías no es lineal; Dylann Roof no se volvió neonazi solo con una búsqueda en Google. Los seres humanos son complejos y contradictorios, y también lo es el proceso mediante el cual adquieren marcos ideológicos.

El desorden es evidente en los espacios virtuales, lo cual se opone a la tesis de las «burbujas filtro», que, al igual que la teoría de que la polarización la producen las redes sociales, no cuenta con suficientes pruebas que la corroboren.[48] Las personas encuentran interlocutores con ideologías similares en internet, y los algoritmos que sostienen los contenidos de las redes sociales y los sistemas de recomendación contribuyen a estas agrupaciones. Pero las conversaciones que se generan no suelen tener mucho de cámara de resonancia, ya que todo el mundo habla como en una línea telefónica saturada. Cuando las investigadoras P. M. Krafft y Joan Donovan analizaron los orígenes de una campaña para propagar información falsa en 4chan, un foro muy utilizado entre la extrema derecha, descubrieron una «heterogeneidad generalizada de ideologías y una puesta en duda de las afirmaciones».[49] Incluso en un foro que reunía a personas de la misma ideología, estas no se creyeron una mentira que beneficiaba a un partido político, sino que debatieron y la refutaron. Y fue precisamente ese escepticismo, ese excedente de opiniones, lo que obligó a quienes lanzaron la campaña a trabajar más. No podían contar con el relato para ganar terreno sin más, sino que tenían que desarrollar «un arsenal de tácticas» para que pudiese circular ampliamente en las redes sociales, explican Krafft y Donovan.[50]

¿Qué tipo de tácticas? Los propagandistas de derechas utilizan una amplia variedad de técnicas. Al igual que no se puede contar con las «burbujas de filtros» para amplificar sin más cualquier bulo que se les proponga, los algoritmos de las redes sociales no funcionan automáticamente a la hora de promover propaganda reaccionaria. No es solo cuestión de crear un contenido lo bastante indignante (*rage-bait*, como se le llama) y dejar que Facebook haga el resto.

Es innegable que ese tipo de contenido se transmite muy bien; los recintos digitales de las redes sociales se construyeron desde la base para maximizar las reacciones de los usuarios. Cuantos más datos de una persona se generen, más «segmentados» pueden ser los anuncios; cuanto más tiempo pase la persona en la aplicación, más anuncios se le pueden mostrar. No es sorprendente el fuerte vínculo que parece unir el insaciable apetito de Facebook por atraer miradas y el grado en que sus algoritmos de filtrado favorecen contenidos provocadores. De hecho, según la periodista Karen Hao, una investigación dentro de Facebook ha confirmado que esta relación existe. El sensacionalismo vende, tanto en las redes sociales como en cualquier otro medio.[51]

Pero el código que determina lo que la gente ve en Facebook, como el que determina lo que aparece tras una búsqueda de Google, es complejo y está en constante cambio. De hecho, para responder a las críticas, Facebook ha experimentado con la priorización de diferentes tipos de reacción y ha puesto en práctica varias estrategias para descubrir contenido considerado «tóxico», entre ellas el aumento de los recursos para la construcción de sistemas automatizados y la contratación de moderadores de contenido.[52] Además, la mecánica de cada centro comercial virtual es diferente. YouTube, por ejemplo, es uno de los motores de radicalización derechista más importante de internet, y los reaccionarios han desarrollado un catálogo entero de estrategias específicas que funcionan bien en ese medio.[53] No hay un solo método con el que la derecha se haya hecho con las redes sociales. La única constante entre los propagandistas es la creatividad.

Malabarismos

Decir que la verdad es menos prolija de lo que se suele creer no exime a las empresas de su responsabilidad. Decir que los algoritmos y los cerebros no actúan como engranajes para formar un único aparato perfecto e impecable de «polarización» no significa que los centros comerciales virtuales sean inocentes. Significa que necesitamos mejores metáforas con las que clarificar su complejidad. Es entonces cuando nos puede volver a resultar útil pensar en términos de enmarañamiento.

Los centros comerciales virtuales de las redes sociales son conjuntos de dispositivos técnicos (algoritmos, servidores) que están enredados con grupos de dispositivos sociales (leyes, mercados, ideologías) mediante los que entran en contacto e interactúan con el mundo. Una manera de visualizar la suma total de estas relaciones es siguiendo la propuesta del filósofo Félix Guattari y verlas desde un punto de vista ecológico. Los ecosistemas están llenos de bucles de retroalimentación, de ciclos y de flujos; los organismos interactúan sin cesar unos con otros y con lo inanimado. Explicar cómo algo ocurre en un ecosistema, por ejemplo la muerte y la descomposición de un organismo, requiere examinar las numerosas interacciones que han ocurrido para que se produzca ese hecho. Algo parecido es necesario para explicar cómo tiene lugar la radicalización derechista en línea. Internet es parte de la respuesta, pero no es la respuesta.[54]

Si la forma en que las redes sociales contribuyen al fenómeno es difícil de desentrañar, la manera en que se benefician de este es muy evidente. Algunas de las interacciones que ocurren en un ecosistema son simbióticas, y la simbiosis describe perfectamente la dinámica entre la derecha y las empresas de redes sociales. La primera consigue un megáfono para sus ideas; las segundas, muchas reacciones de los usuarios, cuya atención pueden vender a los anunciantes.

Aunque esta relación sea beneficiosa para ambas partes, no está libre de tensiones y a veces surgen dificultades. Un grupo de Facebook llamado Stop the Steal era una fuente de reacciones abundante hasta que sus miembros asaltaron el Capitolio en enero de 2021, lo que provocó que la empresa adoptase medidas drásticas y redactase un informe interno que confirmaba su implicación en los disturbios.[55] Del mismo modo, Facebook ganaba mucho dinero con el movimiento conspiracionista de extrema derecha QAnon, hasta que aumentó la presión pública, en particular a causa de la difusión de bulos en cuentas vinculadas a QAnon durante la campaña de las elecciones presidenciales de 2020, lo cual obligó a la empresa a aplicar una prohibición laxa y no muy eficaz.[56]

Estas medidas se basan en cuestiones de rentabilidad; cuando los reaccionarios se salen de madre, los anunciantes se ponen nerviosos. Como explica el vicepresidente de asuntos internacionales de Facebook, Nick Clegg, «los anunciantes no quieren que sus marcas y productos aparezcan al lado de contenido extremista o discursos de odio».[57] Así pues, lo que intentan las redes sociales es alojar redes de propaganda derechista y sus lucrativos niveles de reacción a los contenidos, pero sin que crucen la fina línea que los separa de que sus actividades provoquen demasiado oprobio público o demasiada violencia para ahuyentar a los anunciantes. Es un equilibrio difícil de alcanzar; de hecho, Facebook rara vez lo consigue.

La presión del Partido Republicano vuelve más delicado el equilibrio. Los políticos de ese partido suelen acusar a las firmas tecnológicas de censurar las opiniones conservadoras en internet. Dada la visibilidad de la derecha en las redes sociales, esta acusación es a todas luces falsa, pero útil. Al quejarse de inclinaciones anticonservadoras, los republicanos pueden «comprar al árbitro» y acosar a Facebook para que sea todavía más hospitalario con la propaganda de derechas. Esta táctica funciona; Mark Zuckerberg ha hecho todo lo posible por ganarse el favor de los líderes republicanos y adaptar las políticas de contenidos de Facebook para que se ajusten a sus gustos.[58] Joel Kaplan, un republicano que trabaja en Facebook como vicepresidente de políticas públicas internacionales, ejerce un amplio poder. Kaplan ha intervenido en repetidas ocasiones para promover la circulación de contenido derechista en la red social y para adaptar las reglas de moderación del contenido y los cambios algorítmicos en favor de la derecha.[59]

Estas estrategias favorecen los negocios. Facebook necesita relacionarse en términos cordiales con los republicanos del Congreso y de los parlamentos de todo el país para mantener un entorno político favorable a la obtención de beneficios. Se gasta una pequeña fortuna en *lobbies* por esta misma razón; impedir cambios en el reglamento que perjudiquen su cuenta de resultados es una prioridad absoluta. Sin embargo, Facebook no se puede permitir invertir mucho en los republicanos en detrimento de los demócratas, que, al fin y al cabo, también tienen algo de poder. Esto hace que el equilibrio se vuelva todavía más complicado.

Elección múltiple

La historia de la complicada simbiosis entre Facebook y la derecha encierra una gran lección sobre los centros comerciales virtuales. Por un lado, las desigualdades que generan son indisociables de su sed de beneficios; la privatización de las plantas superiores de internet es el prerrequisito básico. Pero el ánimo de lucro no siempre va en una dirección. Como evidencia el caso de Facebook, a veces no es tan obvio qué es mejor para el negocio, pues hay motivos y límites enfrentados. En el capitalismo, el imperativo de la acumulación es absoluto, pero hay múltiples maneras de satisfacerlo.

La supremacía del ánimo de lucro no es, pues, lo único que determina la forma actual de internet; existen otras posibilidades privatizadas. Y una nueva oleada de reformadores ansiosos por mitigar una gran cantidad de perjuicios que ya no es posible ignorar, tienen las esperanzas puestas en estas posibilidades. Quieren conservar un internet controlado por empresas privadas y con ánimo de lucro, pero preferirían que los beneficios se consiguieran de manera menos perjudicial.

9

Hacia el bosque

La banda sonora de la privatización de internet consistía en aplausos. Las personas más poderosas de Estados Unidos expresaban su entusiasmo a cada paso. En los años noventa, la adquisición de los conductos por parte de las empresas de telecomunicaciones contó con el respaldo de los dos grandes partidos del país. En las dos primeras décadas del siglo XXI, cuando se empezaban a consolidar los centros comerciales virtuales, un coro de voces en cargos de poder las animaban. En aquella época la tecnología era «la industria del teflón», como dijo la periodista Rana Foroohar, un sector muy alabado por los políticos dominantes y mimado por los medios de comunicación de masas.[1] La sensación de que su poder creciente conllevaría consecuencias negativas estaba bien enclaustrada en el mundo académico, algunos espacios activistas y los grupos más contestatarios de los medios independientes.

Sin embargo, llegó un momento en que el tono empezó a cambiar. Si una fábrica sigue contaminando un río, las personas acaban percatándose de que está lleno de residuos, por muchas columnas que lean sobre los maravillosos productos que fabrican. Las elecciones presidenciales estadounidenses de 2016 fueron un punto de inflexión en este sentido. Facebook se convirtió en el principal blanco de las críticas, que apuntaban a la creencia (verdadera) de que había albergado operaciones rusas para ejercer influencia y a la creencia (falsa) de que estas habían sido decisivas en la victoria de Trump. Este escándalo fue la chispa precursora, y una serie de escándalos posteriores avivaron el fuego. Mientras que algunas críticas sacaron a la luz nuevas revelaciones —por primera vez, periodistas y políticos empezaron a investigar de veras los centros comerciales virtuales—, otras se centraron en prácticas corrientes del sector que se ocultaban a la vista de todos. Lo que antes era lo más normal se convirtió entonces en la base de las audiencias celebradas en el Congreso. Había llegado la era del *techlash*.[2]

Los años han pasado y la reacción contra el poder de las empresas tecnológicas, el *techlash*, continúa; su huella parece imborrable. El espectáculo de los malos hábitos de la industria tecnológica se ha convertido en el pan nuestro de cada día, en un cliché, un carrusel de declaraciones periódicas de directores ejecutivos ante el Congreso. Al mismo tiempo, las encuestas indican que la opinión pública ha cambiado; en 2019 solo el 50 por ciento de los estadounidenses pensaban que las firmas tecnológicas tuvieran un efecto positivo en su país, comparado con el 71 por ciento registrado en 2015.[3]

Esto no significa que el cambio sea inevitable. La opinión pública no se refleja en las políticas públicas; muchas de las ideas más extendidas y populares, como la necesidad de una sanidad pública, no prosperan en un sistema político cuyas prioridades las imponen las grandes corporaciones y los ricos.[4] Sin embargo, la reforma de internet se ha convertido en un asunto que, recientemente, ha empezado a preocupar a los círculos políticos.

Dicha reforma no es monolítica; las propuestas y cuestiones particulares que se enfatizan varían mucho. Aun así, es posible distinguir dos tendencias, que en la práctica suelen ir de la mano. La primera implica la reformulación de las normativas sobre el comportamiento de las empresas, o el cumplimiento de las que ya existen. Algunos ejemplos serían la Ley sobre la Protección de la Privacidad de los Usuarios de California, una ley estatal promulgada en 2018 que concede a los residentes ciertos derechos ligados a la recopilación y el procesamiento de sus datos personales, o los esfuerzos que se llevan a cabo para que Facebook asuma su responsabilidad por haber violado la ley federal al difundir anuncios discriminatorios. (Por su parte, la derecha sigue obsesionada con la idea de que su discurso se censura en internet, una ficción muy útil para saltarse las reglas en Facebook y otras redes, pero que también dificulta que sus propuestas se tomen en serio).

La segunda tendencia pretende reducir el poder de mercado de las grandes empresas. Esta es la mayor preocupación de los «neobrandeisianos», un grupo de detractores de los monopolios que ha conseguido influenciar al Partido Demócrata e incluso a algunos republicanos. Se inspiran en las ideas de Louis Brandeis, un destacado jurista liberal de la Era Progresista que creía que los monopolios suponían una amenaza para la democracia. Su solución, adoptada por sus discípulos modernos, era un sistema madisoniano de controles y equilibrios, diseñado para dispersar el poder corporativo y promover la competencia leal.[5]

Para conseguirlo, los neobrandeisianos proponen una serie de medidas a fin de acabar con los monopolios tecnológicos. En algunos casos, quieren dividir las grandes empresas en otras más pequeñas (una de sus propuestas es obligar a Facebook a liberar WhatsApp, Instagram y su red de anuncios).[6] En otros casos, están dispuestos a aceptar cierto tamaño y restringir los «monopolios naturales» mediante regulaciones. Más que nada, quieren crear mercados con mayor competencia, pues creen que esta acarreará beneficios, desde una distribución más amplia de la riqueza hasta una menor influencia de las empresas en la política.

La presión que ejercen está teniendo efectos notables. En octubre de 2020, el Comité de la Cámara de Representantes de Estados Unidos sobre el Poder Judicial concluyó una investigación de dieciséis meses de duración sobre Amazon, Apple, Google y Facebook con un informe contundente que recomendaba varias reformas neobrandeisianas.[7] Ese mismo mes, el Departamento de Justicia se unió a once fiscales generales para presentar una importante demanda antimonopolio contra Google.[8] En el verano de 2021 un paquete legislativo de seis propuestas de ley diseñadas para reforzar la aplicación de las normas antimonopolio se abrió paso hacia la Casa Blanca. El presidente Biden se ha interesado especialmente en esta cuestión y ha elegido a la destacada académica neobrandeisiana Lina Khan para que presida la Comisión Federal de Comercio y al abogado antimonopolio Jonathan Kanter para que dirija la División Antimonopolio del Departamento de Justicia, además de promulgar una orden ejecutiva que da instrucciones a más de una decena de organismos federales para que impulsen iniciativas que promuevan la competencia.[9] Todavía queda por ver hasta qué punto se ejecutarán estas iniciativas antimonopolio. Algunos congresistas republicanos siguen oponiéndose implacablemente, mientras que el poder judicial pone sus propios obstáculos; por ejemplo, cuando la Comisión Federal de Comercio presentó una demanda antimonopolio contra Facebook, un juez federal la desestimó. Pero, pase lo que pase, ya ha tenido lugar un cambio importante. Después de años de permisividad con los centros comerciales virtuales, los políticos se han vuelto por fin más estrictos.

Fuerzas de mercado

Cada esfuerzo por reformar internet es valioso. Los legisladores tienen razón cuando afirman que la regulación de los centros comerciales virtuales es demasiado laxa. Que un servicio esté mediado por internet no significa que deba estar exento de las leyes laborales, de las que amparan los derechos civiles o de cualquier otra legislación que las empresas tecnológicas hayan conseguido esquivar. Los neobrandeisianos tienen razón cuando afirman que las reglas son insuficientes si no se transforma también el modelo de propiedad de internet. Además, reconocen que la actual configuración de la propiedad no sigue el orden natural de las cosas, sino que es una cuestión contingente, construida mediante políticas públicas. «Las "fuerzas" de mercado no existen», escribe Khan, la política económica se fabrica, de modo que también puede rehacerse.[10]

Sin embargo, la economía que imaginan los neobrandeisianos no es un cambio demasiado radical respecto de lo que ya existe. Siguen queriendo que internet lo gobiernen los mercados, aunque sean competitivos en vez de concentrados. El ánimo de lucro seguiría siendo el principio organizador, pero las empresas que buscan beneficiarse serían más pequeñas y más emprendedoras. Y creen que este tipo de reestructuración contribuiría en gran medida a resolver los problemas que trajo consigo el *techlash*.

Pero ¿sería el caso? Nick Srnicek señala que aumentar la competencia podría empeorar las cosas. «Al fin y al cabo, es la competencia, no el tamaño, lo que requiere más datos, más atención, más reacciones y más beneficio a cualquier precio», escribe.[11] Según el analista progresista Ezra Klein, en el caso de las redes sociales, más competencia podría «conllevar guerras más encarnizadas por nuestra atención y nuestros datos, lo cual incentivaría maneras todavía menos éticas de conseguirlos».[12] La presión competitiva obliga a las empresas a buscar cualquier ventaja posible. De hecho, las prácticas de la industria con efectos más destructivos, como la obsesión por las reacciones de los usuarios, las desarrollaron las empresas de redes sociales cuando todavía eran pequeñas y necesitaban crecer y hacerse con cuota de mercado lo más rápidamente posible; dicho de otro modo, se salieron de la competencia. Solo cuando maduraron y se convirtieron en monopolios, estas empresas pudieron permitirse una visión a largo plazo. Facebook ahora se gasta cientos de millones de dólares al año en moderación de contenidos.[13] Lo hace por puro interés, para calmar a los anunciantes e impedir que su imagen se devalúe —pese a lo cual sus esfuerzos siguen quedándose muy cortos—, pero es difícil imaginar que pudiese invertir tanto dinero para gastarse en ese tipo de atenuantes si estuviese enzarzado en una lucha a muerte con varios competidores.

Como alternativa a las reformas en favor de la competencia, Klein propone regulaciones de diversa índole, para las que toma como modelo las aplicadas en materia de seguridad aérea y de prescripción de medicamentos con receta. Un neobrandeisiano podría responder que los gigantes corporativos son expertos en apropiarse de los procesos reguladores. La regulación también puede afianzar concentraciones de poder privado ya existentes al introducir costes derivados del cumplimiento de estas que solo las grandes empresas son capaces de afrontar. De hecho, las grandes corporaciones tecnológicas llevan años solicitando que haya más regulación, siempre y cuando puedan decidir cómo les regulan.

Enfrentarse a la realidad

Por suerte, la promulgación de reglamentos y el antimonopolio, o una combinación de ambos, no son las únicas alternativas disponibles. Hay otra estrategia: la desprivatización.

Regular más los mercados o imponerles un mayor grado de competencia no ataca el problema más profundo, que es el mercado mismo. Los centros comerciales virtuales están diseñados para la obtención de beneficios, que es lo que los convierte en máquinas de desigualdad. La explotación de los trabajadores bajo demanda y de los trabajadores en la sombra, el apoyo del racismo, el sexismo y otras opresiones, la intensificación de la propaganda de derechas... Ninguna de estas formas de perjuicio social existiría si no fuesen lucrativas. Es verdad que esos daños se pueden mitigar y que las grandes empresas pueden hacerlo más fácilmente que las pequeñas. Pero aquí el mercado también impone sus límites: Facebook solo se puede gastar cierta suma en moderación de contenidos sin que sus accionistas se rebelen. Y, lo que es más importante, la adicción a las reacciones de los usuarios y la simbiosis con la derecha que esta adicción ha generado son la base de su modelo de negocio, lo cual crea los problemas que la moderación de contenido debería resolver. Se podría comparar con la tragicomedia de las empresas de extracción de carbón que se lanzan a la captura y almacenamiento de carbono cuando lo más fácil sería dejar de quemarlo.

Los centros comerciales virtuales no solo son máquinas de desigualdades a causa de los efectos que producen. Aunque, por un milagro, dejaran de provocarlos —hay que pensar esto como una hipótesis, no como una posibilidad real—, la desigualdad fundamental seguiría ahí. Las empresas seguirían siendo las dueñas de internet y muchas decisiones de enorme trascendencia quedarían en manos de ejecutivos e inversores y estarían a su vez sujetas a los mandatos del mercado. La mayoría de las personas no podrían decidir sobre asuntos que afectan en gran medida a sus vidas.

Un internet privatizado siempre equivaldrá al gobierno de la inmensa mayoría por unos pocos, y al gobierno de esos pocos por un imperativo firmemente arraigado en el capitalismo, el de la acumulación. Seguramente Mark Zuckerberg sea el hombre más poderoso de internet gracias a una estructura accionarial que le permite acaparar el control de Facebook. Una red social de más de dos mil millones de usuarios es más o menos una dictadura. Pero ni siquiera Zuckerberg puede desafiar el imperativo de la acumulación; los accionistas le sancionarían haciendo caer el precio de las acciones y, si la situación se agravase, la competencia lo llevaría a la quiebra.[14]

La desprivatización abre una puerta a un internet distinto. Al igual que las redes comunitarias desafían el legado de la privatización descendiendo por el montón, se podría aplicar un enfoque parecido que ascendiese por este. Los reformadores de internet quieren que los centros comerciales virtuales se conviertan en administradores más responsables de nuestra esfera digital. Una respuesta más realista, si se quiere atacar la raíz del problema, sería abolirlos.

Pájaros en la zona de restauración

¿Qué viene después de los centros comerciales virtuales? Cuando los centros comerciales reales fenecen, los pájaros construyen nidos en la zona de restauración, y los árboles y arbustos se apropian del suelo y las paredes. El recinto ya no contiene nada, las claraboyas se rompen, las puertas se quedan abiertas, la frontera entre lo exterior y lo interior se difumina. Décadas o siglos más tarde, aparecen los bosques.

Podemos imaginar que algo parecido les ocurriría a sus equivalentes virtuales. Lo importante es la pluralidad de esta imagen. En la base del montón, las redes comunitarias son las protagonistas de la creación de un internet democrático. En la parte superior, no está tan claro, no hay protagonista. La mayor diversidad de formas que uno encuentra en este nivel, la distintividad de los varios centros comerciales virtuales y sus enmarañamientos, requiere más tipos de enfoques. Además, estos no son tan fáciles de explicar. Todavía tienen que descubrirse y desarrollarse; la forma que tomará la desprivatización de este nivel es aún una incógnita. En cuanto al resultado, lo es todavía más.

Para resolver esas incógnitas, necesitamos más experimentos. cuyo objetivo no debería ser reemplazar cada centro comercial virtual por su doble desprivatizado. No puedes clonar Facebook, convertirlo en una cooperativa y esperar resultados totalmente diferentes. Los centros comerciales virtuales organizan la vida en línea mediante una arquitectura particular, que toma ciertas decisiones por nosotros. Para optar por otras alternativas, para crear espacios donde decidir colectivamente, necesitamos nuevas arquitecturas.

El marco más útil para reflexionar sobre este problema procede, por muy sorprendente que parezca, del movimiento por la abolición de la policía y de las cárceles. Resulta que la pensadora cuyas ideas son más útiles para construir un internet mejor no es Louis Brandeis sino Angela Davis. Durante décadas, Davis y otros abolicionistas han afirmado que la policía y las cárceles no se pueden reformar, sino que, al ser tan deshumanizadoras y estar tan relacionadas con la reproducción de jerarquías raciales y de clase, deberían eliminarse.

A causa de esta visión, a los abolicionistas se les suele acusar de utopistas sin remedio. Lo cierto es que participan constantemente en la política de Estados Unidos; han llevado a cabo campañas en todo el país para detener la construcción de nuevas prisiones, reducir la población de reclusos y desfinanciar a la policía. Pero, como explica Davis, «la abolición no es principalmente una estrategia negativa», sino que se trata de «construir de nuevo». Los abolicionistas no solo intentan reducir el número de policías y de prisiones hasta que desaparezcan, sino que también están inventando estrategias para que la gente esté segura.[15]

Para esto, según Davis, es esencial «desprenderse del deseo de descubrir un solo sistema alternativo de castigo». La idea no es sustituir prisiones por pseudoprisiones o a la policía por una pseudopolicía, sino reunir una «constelación de estrategias e instituciones alternativas» que vuelvan innecesarias las prisiones y la policía: programas de justicia reparadora, servicios de salud mental, reinversiones en la comunidad y escuelas desmilitarizadas, entre otras. Estas iniciativas están interconectadas; juntas forman un tejido que puede «reclamar el espacio que ahora ocupan» las instituciones que los abolicionistas luchan por erradicar.[16]

Davis y demás abolicionistas nos dan el plan de acción básico para desprivatizar las plantas superiores de internet. Por un lado, podemos empezar erosionando el poder de los centros comerciales virtuales. La caja de herramientas antimonopolio, que contiene la disolución de los gigantes tecnológicos, la prohibición de fusiones y adquisiciones y otros métodos neobrandeisianos, es de utilidad para esta práctica. Por el otro, podemos crear una constelación de alternativas que, parafraseando a Davis, «reclame el espacio» que ocupan actualmente los centros comerciales virtuales. La primera táctica está pensada para agrietar los recintos; la segunda aspira a plantar semillas de todo tipo de especies invasoras en las grietas.

¿Cómo serían algunas de estas especies? Una idea clave del abolicionismo es que las incapacidades de la imaginación producen incapacidades prácticas. El hecho de no poder imaginar un mundo sin cárceles y policía condena a los reformadores a reiterar viejas injusticias bajo nuevas formas. De hecho, como la coordinadora abolicionista Sarah T. Hamid sostiene, el reformismo es una «táctica carcelaria», un «medio que ha ayudado a los sistemas a expandirse a lo largo del tiempo». Los arrestos domiciliarios monitorizados electrónicamente han llevado la prisión al interior del hogar. Las cámaras corporales hacen que la vigilancia policial sea todavía más ubicua.[17]

Protocolizar los jardines amurallados

Abolir los centros comerciales virtuales requiere, sobre todo, imaginación. No en su forma individual sino plural, imaginación como un proceso encarnado y colectivo de experimentación. Para esto hay que considerar la tecnología desde otro punto de vista, pasar de «la tecnología como resultado a la creación de herramientas como práctica», como dice la socióloga Ruha Benjamin. La tecnología deja así de ser algo que se les hace a las personas y se convierte en algo que hacen juntas.[18]

Programadores, artistas e investigadores ya están llevando a cabo el trabajo imaginativo para concebir un internet más allá de los centros comerciales virtuales. Están teorizando y construyendo activamente espacios digitales donde el beneficio no es una prioridad y donde los usuarios se gobiernan a sí mismos. Podemos inspirarnos en sus ideas e innovaciones para trazar las primeras líneas del camino por seguir.

En vez de Facebook, imagina millones de comunidades de redes sociales, cada una con sus propias reglas, costumbres y culturas. Esa es la idea del experto en medios de comunicación Ethan Zuckerman. Estas comunidades tendrían «propósitos plurales», albergarían interacciones de diversa índole. «Las salas de billar, las librerías y las iglesias son espacios públicos, pero todos tienen propósitos, normas y usos diferentes», señala Zuckerman.[19] No hay motivo para que nuestros espacios virtuales no tengan la misma diversidad.

La lógica de los centros comerciales virtuales es abarcarlo todo y ser lo más grandes posible. Este tamaño enorme sirve a los intereses de los inversores: ayuda a satisfacer su apetito de un rendimiento desorbitado. Más usuarios equivale a más alquileres, más datos, más beneficios. Además, se añaden a estos los beneficios de los efectos de red, que neutralizan la competencia y aumentan el valor de la empresa.

Pero esta enormidad «dificulta, si no imposibilita, una verdadera gobernanza participativa —sostiene Zuckerman—. Una comunidad de mil millones de personas que solo tienen en común el uso de una plataforma mediática no es una comunidad en un sentido real».[20] Esto nos lleva a otra virtud de la descentralización: no solo facilita una mayor diversidad, sino que permite cierto grado de democracia. A una escala lo suficientemente pequeña, las comunidades de redes sociales pueden gobernarse a sí mismas. En vez de dejar que los ejecutivos de las empresas tecnológicas decidan cómo funcionan los algoritmos de filtrado o cómo se modera el contenido —a puerta cerrada y presionados por el mercado—, los usuarios pueden tomar sus propias decisiones, que pueden estar guiadas por consideraciones que ignoren el ánimo de lucro.

Que las comunidades sean pequeñas no quiere decir que tengan que estar aisladas. La descentralización no es lo mismo que la fragmentación. Internet está compuesto de diferentes redes, pero los datos viajan fácilmente por ellas porque estas comparten un conjunto de protocolos que son abiertos y de licencia libre; cualquier red puede conectarse a internet siempre y cuando siga las normas especificadas.

Mastodon es un proyecto de software de código abierto que aplica este principio a las redes sociales. Los servidores funcionan independientemente, pero están interconectados mediante protocolos abiertos para formar una federación. También pueden hablar con servidores que no formen parte de Mastodon y que estén dentro de un conjunto de federaciones más amplio, el «fediverso», siempre y cuando estos servidores usen los mismos protocolos. Mastodon se parece a Twitter, pero el fediverso ofrece muchos otros servicios, incluidos los que toman como modelo YouTube, Facebook e Instagram. La interoperabilidad implica que se conservan las ventajas de los efectos de red sin que la red sea propiedad de una sola entidad.

El correo electrónico, la primera aplicación social de internet, funciona igual. Gmail y Yahoo Mail son servicios distintos con características distintas, pero los usuarios de ambos pueden enviarse mensajes gracias a los protocolos comunes. El hecho de que esos protocolos sean abiertos y de licencia libre es una consecuencia directa de los orígenes públicos de internet. La privatización ha supuesto un impulso en la dirección contraria; la vida virtual tiene lugar cada vez más en recintos monolíticos donde las interacciones se rigen por algoritmos secretos y registrados. «Protocolizar» las redes sociales echaría abajo las paredes de estos jardines amurallados y los volvería del revés.

Programación pública

Mastodon tiene un tamaño considerable, cuenta con millones de usuarios y no es en absoluto el único experimento de este estilo; la comunidad del «internet descentralizado» está poniendo en práctica muchos proyectos similares.[21] Sin embargo, estas alternativas siguen siendo relativamente especializadas en comparación con las ofertas de los gigantes tecnológicos. Que llegaran a ser más robustas y amenazantes requeriría inversiones públicas. Hay dos instituciones que serían los vehículos ideales para estas inversiones: las bibliotecas públicas y los medios de comunicación estatales.

En Estados Unidos hay más de nueve mil bibliotecas públicas. ¿Qué ocurriría si cada una de ellas «tuviera un servidor de redes sociales federado y cualquiera con una tarjeta de biblioteca tuviese un perfil»?, se pregunta el programador Darius Kazemi. Aprovechar las infraestructuras públicas existentes es una manera excelente de volver más accesibles los espacios virtuales y de vincularlos a una fuente de financiación. El uso de bibliotecas locales también implica que hay alguien responsable. Kazemi dice que «si el administrador es un empleado de la biblioteca municipal, hay una puerta a la que puedes tocar. No puedo ir a tocar la puerta de Mark Zuckerberg y quejarme de algo, pero puedo hacerlo en la biblioteca».[22]

Las bibliotecas tienen una ventaja adicional: están llenas de bibliotecarias, que son las primeras trabajadoras de la información. Recuperan, clasifican, conservan y contextualizan la información, y no lo hacen con ánimo de lucro, sino como un servicio público. Este servicio es muy necesario en los espacios virtuales. Como señala Safiya Umoja Noble, es significativo que la financiación para las bibliotecas públicas haya disminuido y la de Google y Facebook haya aumentado. Hemos externalizado «nuestras necesidades de conocimiento» a los centros comerciales virtuales, que satisfacen esas necesidades basándose en imperativos comerciales que comprometen inevitablemente la calidad del conocimiento que se nos proporciona.[23] Las bibliotecarias son el antídoto ideal. Joan Donovan ha hecho un llamamiento para que diez mil bibliotecarias trabajen para la «construcción de sistemas que seleccionen información oportuna, local, relevante y precisa en las plataformas de redes sociales».[24]

Los problemas que solucionan las bibliotecarias no son nuevos. Las redes sociales con ánimo de lucro adolecen de la misma escasez de calidad de información que cualquier otro medio de comunicación privado, y por las mismas razones. «El ánimo de lucro obliga a los medios de comunicación privados a entretener, vender publicidad, satisfacer a los accionistas y obtener los máximos beneficios monetarios», escribe Victor Pickard, y esta coacción va en contra de la ética periodística que «aspira a informar, explicar, controlar a los poderosos y proporcionar un foro de opiniones y voces diversas».[25] Esta ética siempre ha sido relativamente débil en la esfera mediática ultracomercializada de Estados Unidos, y la desregulación que tuvo lugar en los años ochenta y noventa la debilitó todavía más. El gran beneficiario de esto es la derecha, cuyos propagandistas dominan el arte de la desinformación y el docudrama, desde Rush Limbaugh hasta Fox News. Recientemente, el desplome de la prensa local les ha brindado nuevas oportunidades, ya que las páginas web de derechas que reciben donaciones llenan el vacío que dejan los crecientes «desiertos de noticias».[26]

Los errores de los medios de comunicación privados han inspirado a generaciones de reformadores y radicales a defender otro paradigma, los medios de comunicación públicos. Al igual que el mercado no puede garantizar el acceso a la vivienda, la sanidad pública y el resto de las necesidades vitales básicas, tampoco puede garantizar el acceso a información fiable. Esta es la razón por la cual Pickard aboga por un «trust permanente para los medios», financiado por el Estado, que subvencione organizaciones de noticias locales en todo el país. También propone convertir las bibliotecas municipales y las oficinas de correos en «centros comunitarios de medios de comunicación» donde los residentes ejerzan como reporteros locales.[27]

Mucha información que circula por las redes sociales no la han generado los usuarios, sino que son artículos, vídeos y pódcast de medios de diversa índole. La creación de una opción pública para la producción mediática garantizaría un mejor suministro de contenido y, con suerte, ayudaría a reducir la propaganda de derechas. Pickard cita una serie de investigaciones académicas que demuestran que los medios de comunicación públicos tienden a «ofrecer un abanico más amplio de voces y perspectivas» y a ser «más críticos con las posiciones políticas dominantes».[28] Estos puntos fuertes contribuirían en gran medida a mejorar la calidad de la información que circula por las comunidades de las redes sociales, en particular si estas desarrollan relaciones formales con empresas de medios públicos y con centros comunitarios.

Otra forma de considerar estas intervenciones es como inversiones en los cuidados. La profesora Lindsay Bartkowski sostiene que la moderación de contenidos tiene más sentido si se piensa como una forma de trabajo de cuidados que, como todos los demás, se devalúa sistemáticamente. Ciertos tipos de cuidado no se remuneran, como, por ejemplo, el de las madres que cuidan de los hijos, mientras que otros están muy mal pagados, como es el caso de la ayuda a domicilio y el personal de las residencias de ancianos.[29] Asimismo, la moderación de contenidos suele ser un trabajo con un sueldo bajo a pesar de ser esencial para la reproducción de nuestros mundos sociales virtuales, como lo son otros cuidados para la reproducción de nuestros mundos sociales fuera de internet. También hay un aspecto racial: las empresas tecnológicas contratan a gran parte de su personal de moderación de contenidos en países como Filipinas o India, siguiendo un patrón más amplio en el que los cuidadores asalariados suelen ser racializados y originarios del Sur global. Como escribe Bartkowski, «a los trabajadores racializados se los explota emocionalmente, se los remunera poco y se les relega al "lado oculto" de internet para que ayuden a crear una esfera pseudodoméstica que habitan virtualmente los usuarios del Norte global». Cualquier proyecto destinado a mejorar las redes sociales debe valorar y visibilizar a estos trabajadores y permitirles formar lo que Bartkowski llama «afinidades y solidaridades» con los usuarios de las comunidades que cuidan.[30]

Una red social descentralizada, autónoma, bien cuidada, anclada en bibliotecas públicas y enriquecida con medios de comunicación públicos no será perfecta, claro está; siempre habrá desafíos. Para empezar, en internet siempre habrá nazis, y es un problema que no puede resolverse en línea porque no es virtual. Sin embargo, una red social descentralizada está mejor diseñada para poder mitigarlo. Cuando la red social fascista Gab migró a Mastodon, la mayoría de los servidores que conforman el fediverso respondieron bloqueándola.[31] Como Mastodon es de código libre, los fascistas pueden usarla, pero sus comunidades pueden imponer cordones sanitarios. Las redes sociales descentralizadas trasladan «la toma de decisiones a los extremos de la red en vez de mantenerla centralizada en un pequeño grupo de empresas muy poderosas», explica el escritor Mike Masnick.[32] Puede que algunos extremos de la red los habiten elementos tóxicos, pero, si no tienen algoritmos ni ejecutivos que manipular e intimidar, al menos se les puede negar una audiencia más nutrida.

Sentido común

Las redes sociales solo son un tipo de centro comercial virtual. Para abolir los demás, se necesita más imaginación. Nick Srnicek imagina un servicio público en la nube que «garantice privacidad, seguridad, eficiencia energética y acceso igualitario». Este servicio podría depender de un proveedor corporativo como Amazon Web Services, al que se le podría exigir que donase una porción de su capacidad. Imagina un «carril público» en la nube, que satisfaga las necesidades de infraestructura digital de un sector cada vez más desprivatizado.[33]

Este sector incluiría una serie de cooperativas, no solo de redes sociales, sino de todos los ámbitos de la vida en internet. También aquí los experimentos son numerosos y están en pleno desarrollo, en particular cuando se trata de crear cooperativas que sustituyan a las empresas de economía bajo demanda. Up & Go es un grupo de cooperativas de limpieza de Nueva York que permite reservar sus servicios en su propia aplicación. Sus integrantes ganan más que la media de los trabajadores del sector y tienen un mayor control sobre las condiciones de su trabajo.[34] Como dice una de las copropietarias de Up & Go, Marve Romero, «el cooperativismo es otro mundo».[35]

En todo el planeta existen iniciativas similares que forman parte de una comunidad internacional activa comprometida con «el cooperativismo de plataformas». Este tipo de iniciativas necesitan apoyo estatal. Por suerte, hay muchas herramientas políticas disponibles, como becas, préstamos, contratas y exención de impuestos.[36] También cabría imaginar códigos reguladores municipales que permitieran tan solo a las cooperativas prestar los servicios que se pueden contratar en las aplicaciones, como sugiere el escritor Seth Ackerman.[37] En condiciones normales, los políticos y los reguladores no suelen oponerse a los intereses empresariales. Pero a veces emergen tensiones y, con ellas, aparecen oportunidades. En el otoño de 2017, la entidad metropolitana de transporte de Londres anunció que no renovaría la licencia de Uber, y citaba una serie de violaciones de la regulación.[38] Entonces, un instituto de investigación de izquierdas llamado New Economics Foundation le pidió al alcalde que crease un servicio de taxis cooperativo que operase con una aplicación para reemplazar a Uber.[39] La idea no se materializó, y Uber acabó volviendo a Londres. Pero la estratégica básica es sensata, ya que la exasperación burocrática ante las malas prácticas de las empresas tecnológicas no va a desaparecer, y podría aprovecharse para conseguir apoyo estatal a fin de desarrollar alternativas.

Y no olvidemos la cuestión de los datos. Como los centros comerciales virtuales se organizan en torno a la fabricación y la monetización de los datos, un sector desprivatizado necesitaría encontrar métodos para gestionarlos. Para que resultasen eficaces, esos métodos deberían seguir el consejo de la jurista Salomé Viljoen y mirar más allá de la tendencia a considerar en términos personales la producción de datos y empezar a reconocer su carácter colectivo. La gestión de los datos de una empresa como Facebook implica violaciones rutinarias de la privacidad personal, pero a Facebook le dan igual las personas, o, mejor dicho, solo le interesan mientras representen, en masa, una fuente de «información demográfica» que se pueda usar para vender anuncios. El comportamiento de los usuarios se analiza para clasificar a las personas en grupos que los anunciantes puedan interpretar. Este análisis es imposible llevarlo a cabo usuario a usuario; tu información no será particularmente útil hasta que se combine con la de muchas otras personas.[40]

Los datos se fabrican y se les da valor colectivamente, de lo cual se infiere que su gestión también debería ser colectiva, que los usuarios deberían poder «determinar los fines y las condiciones de la producción de datos», según Viljoen.[41] Se han desarrollado varias propuestas para crear «trust de datos» y «derechos comunes de datos» de diversa índole. El escritor Evan Malmgren recomienda la creación de trust de datos cooperativos que conceda acciones con derecho a voto a sus miembros, que a su vez elijan una directiva capaz de negociar los términos del uso de datos con otras entidades.[42]

Y, lo que es más importante, la propiedad de los datos se desligaría de su tratamiento; los usuarios podrían determinar en qué condiciones tendría acceso un servicio en línea a estos y en qué condiciones podrían fabricarse. Si a las personas se les da la oportunidad de tomar decisiones acerca del uso y la fabricación de datos, es razonable esperar que sean distintas de las adoptadas por Mark Zuckerberg y sus acólitos. Por ejemplo, podrían decidir prohibir el tipo de vigilancia generalizada que es una parte integrante de la publicidad en internet. Esta arquitectura también es apta para un internet más descentralizado, ya que los usuarios podrían colocar sus datos en un depósito central para autorizar su uso a diferentes servicios —como un servidor de redes sociales comunitario o una aplicación de reparto cooperativa— cuando lo necesiten.

Innovación desde abajo

Estos bocetos son un buen comienzo, pero continúan llevando la marca del internet del que intentan escapar. Aspirar a crear un Twitter descentralizado o un Uber gestionado por sus trabajadores es un paso en la buena dirección, pero sigue cautivo del paradigma del enemigo. Adolece de falta de imaginación. Y si nos tomamos en serio la idea abolicionista según la cual las incapacidades de la imaginación producen incapacidades prácticas, abolir los centros comerciales virtuales es inviable si no se cuenta con mucha más creatividad.

La creatividad es un acto social, cuyas inspiraciones son colectivas; provienen de un ambiente, una escena, una cultura, aunque la transformación de esa materia prima en una obra acabada pueda ser un acto solitario. En la actualidad, la creatividad de las comunidades que mejor están imaginando las plantas superiores de internet —bajo el estandarte de «páginas web descentralizadas», «cooperativismo de plataformas» o cualquier otro credo— se ve limitada por su estrecha base social. Suelen atraer a tipos de personas específicos, que por lo general tienen aptitudes técnicas y mucho tiempo libre. Elevar el nivel de la creatividad implica ampliar esos espacios, hacerlos más representativos e integrarlos en mayor medida a la vida cotidiana.

Encontramos un modelo interesante en el Londres de los años ochenta. En 1981 el ala izquierda del Partido Laborista se hizo con el control del Consejo del Gran Londres (GLC, por sus siglas en inglés), un órgano administrativo municipal, y se embarcó en un ambicioso proyecto económico. En aquella época, Londres tenía una alta tasa de desempleo, fruto en gran parte de la desindustrialización. La respuesta del GLC fue invertir dinero público en empresas sindicadas y alentar la creación de cooperativas.[43]

También fundó cinco «Redes Tecnológicas» en varios puntos de la ciudad. Eran talleres para crear prototipos, parecidos a los *makerspaces* o a los *hackerspaces* actuales. La gente podía ir y utilizar las herramientas, y tenía acceso a formaciones y asistencia técnica para construir cosas. Los diseños de lo que construían acababan en un «banco de productos» compartido del que podían servirse otras personas, y cuyo uso se autorizaba previo pago de una licencia a empresas con ánimo de lucro para financiar las Redes. Entre las innovaciones resultantes había turbinas, aparatos para discapacitados, juguetes para niños y bicicletas eléctricas. Se hizo especial hincapié en la eficiencia energética. Las mismas Redes eran dirigidas por una mezcla de residentes locales, sindicatos, organizaciones de inquilinos y académicos.[44]

Uno de los propósitos de estos espacios era la democratización del diseño y el desarrollo de la tecnología. Ello implicaba la creación de un proceso participativo en el que las comunidades de clase obrera tuviesen acceso a las herramientas y los conocimientos necesarios para crear sus propias tecnologías. Implicaba producir para satisfacer necesidades humanas, lo que los organizadores llamaron «producción socialmente útil», en vez de maximizar los beneficios. Satisfacer necesidades humanas exigía la participación directa de los seres humanos cuyas necesidades debían satisfacerse, ya que eran los que mejor las conocían. Como explicó la miembro de la Red Mary Moore, el objetivo era «asegurarse de que lo que hacías tendría una aplicación real para los usuarios», lo cual requería «que participasen en el proceso de diseño en vez de llegar con el producto ya fabricado».[45]

Por desgracia, las Redes no sobrevivieron mucho tiempo. Margaret Thatcher clausuró el GLC en 1986, y las Redes perdieron casi toda la financiación. A las que consiguieron sobrevivir las obligaron a volverse más comerciales, por ejemplo, ofreciendo formaciones que les resultaban útiles a las empresas. Desaparecieron los elementos radicales. Esto señala una dificultad esencial: el sector público puede proporcionar cierta protección frente a las presiones del mercado y liberar espacio para imaginar alternativas, pero si estas no se establecen y se vuelven autónomas y responsables de su propia reproducción, están condenadas a desaparecer.

Aun así, la experiencia londinense es un valioso precedente. Las Redes Tecnológicas son útiles para pensar cómo abolir los centros comerciales virtuales. Podríamos imaginar que los municipios creasen en la actualidad algo parecido a las Redes, lugares donde muchas personas contribuyesen a la tarea de imaginación necesaria para reconstruir las plantas superiores de internet. Podrían aliarse con diseñadores y desarrolladores para crear servicios en línea alternativos. Algunos serían locales, otros regionales, nacionales o incluso internacionales. Algunos serían informales y gestionados por voluntarios; otros serían públicos o servirían de base para nuevas cooperativas.

Para que estos esfuerzos tengan éxito, deben desdibujar la línea entre los creadores de la tecnología y los usuarios, y, con el paso del tiempo, aspirar a que estas categorías sean indistinguibles. La experiencia ya no se definirá en un sentido exclusivamente técnico; algunas personas son expertas en programación, otras en diseño y unas terceras en su vida cotidiana. «Creemos que todo el mundo es experto en su propia experiencia de vida, y todos podemos contribuir a un proceso de diseño», declaran los principios de la Design Justice Network, una organización comprometida con el desarrollo de prácticas de diseño más democráticas.[46] Un internet gobernado por las personas es aquel en que la gente participa directamente en su creación. La académica Sasha Constanza-Chock, una de las principales teóricas de la «justicia del diseño», cita el famoso eslogan del movimiento por los derechos de los discapacitados: «Nada sobre nosotros sin nosotros».[47]

Todo lo demás

Idealmente, las Redes Tecnológicas actuales no solo incubarían nuevas aportaciones al sector privado, también las integrarían a un conjunto de relaciones institucionales que las mantendrían vivas. Desarrollar un nuevo software es relativamente fácil; lo difícil es crear alternativas a los centros comerciales virtuales que sean sostenibles y escalables. La estrategia de «creación de riqueza comunitaria» que promueve las redes comunitarias en la base del montón puede resultar de utilidad para este objetivo. Las instituciones públicas con más peso, como los organismos gubernamentales, los hospitales y las universidades podrían aprovecharse para obtener contratos públicos que canalizaran los ingresos al sector desprivatizado y lo ayudaran a crecer. Las cooperativas podrían formar federaciones para colaborar entre ellas. Los gobiernos podrían fomentarlas con préstamos, subvenciones y exenciones de impuestos.

No obstante, la gran amenaza a la supervivencia del sector desprivatizado vendrá de las empresas tecnológicas. Del mismo modo que estas han llevado a cabo campañas generosamente financiadas para destrozar las redes comunitarias, podemos esperar una embestida corporativa comparable si el dominio de los centros comerciales virtuales estuviese en peligro. Así que es mejor pasar a la ofensiva desde el principio.

Una forma de hacerlo es técnica. El escritor Cory Doctorow habla de la «interoperabilidad antagónica», que describe una situación en la que un servicio se comunica con otro sin el permiso del segundo o con un permiso forzoso garantizado por la legislación.[48] Por ejemplo, se podría obligar a Facebook a adoptar protocolos libres que permitan que otras aplicaciones de redes sociales se interconecten. La interoperabilidad se ha convertido en una preocupación primordial entre los neobrandeisianos antimonopolio y en toda su amplia esfera de influencia, e incluso ha empezado a inspirar propuestas legislativas. Llevada al límite, la interoperabilidad podría amenazar el modelo de negocio de los centros comerciales virtuales. Si las personas pudiesen crear sus propias aplicaciones libres de anuncios para acceder al contenido de Facebook y comunicarse con sus usuarios sin utilizar la página o las aplicaciones de la red social, la empresa perdería los ingresos derivados de los anuncios. Si los usuarios de Facebook y los de las alternativas descentralizadas como Mastodon pudiesen interactuar, estas alternativas resultarían más atractivas para más personas. Facebook se encogería, o incluso se hundiría.

Pero pasar a la ofensiva es más una cuestión política que técnica. De nuevo, las Redes Tecnológicas londinenses de los años ochenta pueden servir de inspiración. No solo eran lugares donde la gente construía cosas, sino también espacios de organización. El acto de crear prototipos en un taller era el punto de partida para un debate más amplio sobre qué tipos de transformación se necesitan para crear una sociedad más igualitaria. Mientras intentaban resolver sus problemas con la tecnología, las personas acabaron por darse cuenta de que la tecnología se quedaba corta para hacer tal cosa. Se precisaban políticas. Así pues, una de las redes lanzó una campaña llamada «Derecho al calor» que consistía en organizar iniciativas comunitarias de eficiencia energética, crear cooperativas locales de electricidad y presionar al Gobierno de Margaret Thatcher para que invirtiese más en medidas de conservación de la energía.[49]

¿Qué tipo de campañas se llevarían a cabo en la actualidad? Si los centros comerciales virtuales se definen por sus enmarañamientos, no pueden desmantelarse y a la vez dejar intactos los fenómenos sociales en los que están inmersos. Esto podría adoptar varias formas, como la creación de sindicatos integrados por los trabajadores que dependen de aplicaciones o la revocación de la financiación desenfrenada que ha respaldado el ascenso de los gigantes tecnológicos. Podría implicar un trabajo que debilitase las bases materiales de la derecha. Hay muchas posibilidades, pero una cosa está clara: para reconstruir internet, tenemos que reconstruir todo lo demás.

Conclusión

Nostalgia del futuro

En el internet primigenio circulaba una broma recurrente: internet se estaba muriendo. No literal, sino espiritualmente. «¡Se prevé la muerte inminente de la red!», decía la broma.[1] Se burlaba de los llorones que aparecían todas las semanas, meses o años en las listas de correo electrónico o los foros para anunciar que internet iba a perder las cualidades que hacían de él un lugar agradable en el que encontrarse. Era fácil ridiculizarlos, pero algo de razón tenían; internet no paraba de cambiar, incluso durante los años previos a la privatización. Y esos cambios despertaban la nostalgia en los corazones de los usuarios que se habían encariñado con una manera particular de estar en internet.

En la actualidad sigue habiendo numerosos nostálgicos, y el objeto que más se llora es la «web abierta», la vida en línea antes de quedar encerrada en los centros comerciales virtuales. Según se dice, en aquella época internet era más libre, más creativo, giraba en torno a protocolos abiertos, no a algoritmos patentados, y ninguna página o empresa dominaba más que las demás. Según el experto en internet Jonathan Zittrain, era una «cultura de trasteos fortuitos».[2] Se parecía a una metrópolis descarnada y excéntrica, sostiene la crítica cultural Virginia Heffernan.[3] He aquí las características que fueron desterradas cuando internet se convirtió en un jardín amurallado, lo que Heffernan describe como «suburbanización».

La nostalgia nunca consigue recrear una imagen fiable del pasado; aunque, en este caso, el pasado ni siquiera es tal. Cientos de alabanzas más tarde, la web abierta sigue viva; los centros comerciales virtuales no la han destruido, sino solo secuestrado. Es lo que les permite a empresas como Google y Facebook esparcir su software por internet (rastreadores, indexadores, anuncios) para desviar los datos hacia sus servidores. La interoperatividad se ha convertido en un arma, en *intra*operatividad, sostiene la académica Anja Bechmann, al servicio de una «relación de poder asimétrica» que privilegia unos pocos «centros de datos y puntos de paso».[4] Esta organización dista mucho de la anterior, pero no es del todo exacto decir que internet antes estaba abierto y ahora está cerrado, sino que son las partes abiertas las que posibilitan las partes cerradas.

En cuanto a si el resultado es más «suburbano» (aburrido), también es una afirmación difícil de defender. Los centros comerciales virtuales son lugares fascinantes, donde las personas crean cultura, hacen política, lanzan movimientos, forjan identidades, unen comunidades. Como demuestra el trabajo del académico André Brock, Jr., Black Twitter es uno de los repositorios culturales más valiosos de internet.[5] La nostalgia de un internet anterior a todo esto también lo es de una época en la que lo utilizaban menos personas y los usuarios eran en su mayoría blancos y ricos, así que era mucho menos interesante.

Con todo, la nostalgia no tiene por qué ser precisa. No persiste por su precisión, sino porque expresa un sentimiento de pérdida que se experimenta con sinceridad, y ese sentimiento tiene una realidad propia. A todo el mundo le llega el momento de perder el internet que aman: el internet de Gopher y Usenet, de Yahoo! y GeoCities, de Friendster y MySpace. Pero a estas pérdidas personales las acompaña una pérdida colectiva, una serie de oportunidades perdidas para imaginar de nuevo internet. Si la nostalgia de otro internet es inevitable, quizá pueda vincularse a esta pérdida mayor, una pérdida que nos afecta a todos y a todas, seamos o no conscientes. Y quizá haya en ello un potencial político que se pueda extraer para un fin más elevado.

En su historia de la clase obrera inglesa, el historiador E. P. Thompson describe el poder político de la nostalgia, algo que los luditas, esos destructores de máquinas del siglo XIX, aprovecharon bien. A los luditas se los recuerda hoy como un grupo de obreros del sector textil que destrozaron las máquinas que los estaban dejando sin trabajo. Pero también eran pensadores, y transmitían sus ideas mediante poemas, proclamas, peticiones, canciones y cartas. Por un lado, se lamentaban de la desintegración de su mundo social bajo el huracán rampante del capitalismo industrial. Por el otro, esbozaron la imagen de una nueva sociedad en la que «el crecimiento industrial debería regularse según prioridades éticas y el afán de lucro debería subordinarse a las necesidades humanas», escribe Thompson.[6] Estas dos visiones estaban conectadas; tal y como Thompson explica, los luditas miraban hacia atrás para poder mirar hacia delante, utilizaban valores antiguos para poder inventar una modernidad diferente. En su pasado imaginado, descubrieron materiales con los que imaginar un futuro.[7]

Un movimiento social que reforme internet debería seguir un camino parecido. Quizá podamos llorar los futuros que internet podría haber tenido, futuros que la privatización imposibilitó al programar el ánimo de lucro en todas y cada una de las capas de la red. Y quizá esta nostalgia nos sirva de inspiración para iniciar el movimiento que será preciso a fin de abrir un horizonte encogido por la privatización y recuperar un campo de visión más amplio.

Los movimientos están hechos de creatividad y coerción. Masas de personas en movimiento generan nuevas ideas, como hicieron los luditas. Pero también tienen que amenazar con cierta disrupción para que sus ideas sean tenidas en cuenta. Si bien los movimientos no siempre gozan de éxito —lo más normal es que no triunfen—, su fuerza deriva de ese carácter dual: la combinación de la capacidad de imaginar un futuro diferente con la fuerza necesaria para alcanzarlo. La ausencia de estos dos elementos fue lo que permitió que la privatización avanzase en los años noventa y en las dos primeras décadas del siglo XX, creando el internet que conocemos en la actualidad.

Cualquier movimiento que pretenda reformar internet tiene que entender cómo creó la privatización su versión moderna. Los movimientos deben conocer bien al enemigo. Si malgastan la energía en el objetivo equivocado, pierden la oportunidad de llevar a cabo un cambio significativo. La historia nos enseña por qué la privatización es el objetivo correcto, cómo forma las bases comunes de diversas disfunciones y depredaciones del internet moderno. La historia nos muestra el rostro del enemigo.

Derrotar a este enemigo no es cuestión de darle la vuelta a la historia, si ello fuese siquiera posible. La privatización fue un acto de reinvención, convirtió una pequeña red académica en el internet moderno. La desprivatización debería ser igual de inventiva. Si la privatización supuso crear un internet al servicio del principio de la maximización de beneficios, la desprivatización supone crear un internet organizado según la idea de que deberían mandar las personas, no los beneficios.

Este objetivo no se alcanzará con una sola línea de ataque. Se necesitan estrategias diferentes para las diversas capas. En la base del montón, el reino de los conductos, las redes comunitarias públicas y organizadas en cooperativas son los ladrillos de un internet democrático. Estas redes pueden servir a las comunidades explotadas y excluidas por los señores del cártel de la banda ancha; en vez de enviar el dinero hacia arriba, a los ejecutivos e inversores, pueden concentrarse en que el servicio sea accesible y asequible. También pueden darles el control de las operaciones a las comunidades, para que los usuarios y los residentes determinen cómo se gestiona la infraestructura. Cientos de estas redes ya existen en Estados Unidos, pero para defenderlas y extenderlas será necesaria financiación pública.

En la parte de arriba del montón, entre las mal llamadas plataformas, el camino a la desprivatización es menos rectilíneo; no hay un equivalente de las redes comunitarias. Lo que se necesita aquí es el trabajo imaginativo de la abolición. Son precisas dos maniobras: primero, reducir la huella de los centros comerciales virtuales, lo que implica aliarse con los defensores de las políticas antimonopolio. Aun así, el objetivo de la desprivatización no es un internet con mercados más competitivos, sino uno en el que los mercados tengan menos peso. Por eso, mientras se trabaja para desmontar los centros comerciales virtuales, también hay que fraguar una constelación de alternativas que puedan asegurarse el espacio que ya ocupan. Y estas alternativas deben ser reales, no versiones más pequeñas o más comerciales de los gigantes tecnológicos, sino instituciones esencialmente diferentes, diseñadas para reducir el poder del afán de lucro y consolidar las prácticas y los principios de la toma de decisiones democrática. Ya han surgido algunas, todavía rudimentarias —comunidades autogestionadas de redes sociales, cooperativas de servicios de aplicaciones—, pero tendrán que perfeccionarse y expandirse gracias a fondos públicos. También necesitaremos espacios que permitan la emergencia de estas alternativas, donde las personas puedan articular colectivamente sus necesidades y construir los mundos virtuales capaces de satisfacerlas.

Los inventores de internet esperaban idear una nueva lengua. Lo consiguieron mucho más allá de sus expectativas más ambiciosas. Su lengua la adoptó el ejército estadounidense, para permitir que sus efectivos colaborasen con una máquina de guerra más eficaz. Pero el principal propósito para el que al final se utilizaría sería para la obtención de beneficios. Se pondría al servicio de la universalización de la mercantilización ubicua, de los mercados que se filtran por todas las membranas disponibles. Pese a todo, son posibles otros tipos de universalidad, y sus líneas generales suelen ser visibles en los momentos de la vida en línea que eluden o rebasan el control de los mercados. En esos momentos la gente se relaciona como personas, no como ojos, clics, poder adquisitivo o poder de mercado.

Hacer posible que los ordenadores de todo el mundo hablen entre ellos fue un logro técnico impresionante. Hacer que esta conversación entre máquinas sirva para un objetivo diferente al de la acumulación infinita será un logro político. Puede parecer poco probable, pero internet también era impensable. La historia está llena de giros improbables que, en retrospectiva, parecen inevitables. El futuro también lo será.

Agradecimientos

Pensar es una actividad social, y mi primer agradecimiento es para las personas que me han dejado pensar con ellas a lo largo de los años. Entre ellas están, sobre todo, mi familia en la revista *Logic* —Jim Fingal, Christa Hartsock, Moira Weigel, Xiaowei Wang, Alex Blasdel y Celine Nguyen— y los colaboradores de esta, a muchos de los cuales he citado en estas páginas.

Nicole Aschoff y Shawn Gude editaron algunos de mis artículos para *Jacobin*, que he utilizado para este libro. Merope Mills hizo lo mismo para *The Guardian*. Les agradezco a todos su apoyo y su orientación. Quinn Slobodian comentó partes del manuscrito y lo mejoró mucho. Mi agente, Molly Atlas, contribuyó a darle forma a este proyecto y evitó que me fuese por las ramas. Mi editor, John Merrick, propuso la idea de escribir este libro y lo editó magistralmente; no se me ocurre un mejor colaborador. Will Tavlin verificó meticulosamente la información del manuscrito y se mantuvo alegre durante todo el proceso, lo cual no debe de ser fácil. Gracias a mis padres, Peter y Mathea, a mi familia extensa, Bill y Kathy, a Liz Daingerfield, Victor Pickard, Leo Hollis, Tim Barker, Gabriel Winant y Astra Taylor, todos y todas las cuales contribuyeron a la realización de este libro.

Zoe, Josephine y Moira, ya os dedico el libro, pero he pensado que las últimas líneas serán para vosotras. Decir que me ayudasteis a escribir este libro se queda corto; sería mejor decir que sois mis condiciones de posibilidad.

Notas

Prólogo. Entre anguilas

1. Se trata de un estrato de las aguas profundas conocido como «zona abisal», que se extiende desde los tres mil hasta los seis mil metros de profundidad. El pez de grandes ojos es el granadero abisal. Muchos organismos que habitan en esa zona brillan gracias a bioluminiscencia, como el pez pescador. El pulpo sin tinta es el pulpo dumbo, y la anguila con una boca muy grande es el pez pelícano.

2. «MAREA», Submarine Cable Networks, <submarinenetworks.com>; Winston Qiu, «AWS Acquires a Fiber Pair on MAREA Cable System on IRU Basis», Submarine Cable Networks, 21 de enero de 2019.

3. John Perry Barlow, «A Declaration of the Independence of Cyberspace», 1996.

4. Nicole Starosielski, *The Undersea Network*, Durham (Carolina del Norte), Duke University Press, 2015, p. 2.

5. Karl Frederick Rauscher, *ROGUCCI Study Final Report*, Nueva York, IEEE Communications Society, 2010, p. 93.

6. Starosielski, *The Undersea Network*, pp. 1-63.

7. Eduardo Galeano, *Las venas abiertas de América Latina*, Buenos Aires, Siglo XXI, 1971.

8. Solo el 6,3 por ciento de los usuarios de internet que hay en el mundo en la actualidad viven en Estados Unidos. Véase Simon Kemp, «Digital 2021 April Statshot Report», DataReportal.

1. Una historia popular de internet

1. Mi relato del experimento de 1977 está basado en Don Nielson, «The SRI Van and Computer Internetworking», *Core Magazine*, vol. 3, n.º 1 (febrero de 2002), pp. 2-6; Vinton Cerf, entrevistado por Judy O'Neill, 24 de abril de 1990, Charles Babbage Institute; Vinton Cerf, «How the Internet Came to Be», <netvalley.com>; Cade Metz, «Bob Kahn, The Bread Truck, and the Internet's First Communion», *Wired*, 13 de agosto de 2012; Cade Metz, «How a Bread Truck Invented the Internet», *The Register*, 12 de noviembre de 2007; Vint Cerf y Bob Kahn, *30th Anniversary of Internetting with TCP/IP*, filmado el 7 de noviembre de 2007 en el Museo de Historia de la Informática de Mountain View, California, YouTube; Barbara Denny, Paal Spilling y Virginia Strazisar Travers, *Birth of the Internet*, filmado el 7 de noviembre de 2007, en el Museo de Historia de la Informática de Mountain View, California, YouTube; Vint Cerf *et al.*, *Internet Milestone—30th Anniversary 3-Network Transmission*, filmado el 7 de noviembre de 2007, en el Museo de Historia de la Informática de Mountain View, California, <https://youtu.be/lapwgqzWC5g>. Gracias a Marc Weber y Eric Dennis, del Museo de Historia de la Informática, por proporcionarme fotografías y vídeos de la furgoneta, provenientes de la colección del museo.

2. En 1971 el periodista Don Hoefler popularizó el término «Silicon Valley» en una serie de artículos para *Electronic News*, una publicación de *trading*.

3. El ordenador de la furgoneta era un LSI-11, y el equipo de paquetes de radio lo construyó a medida Collins Radio. La ubicación de los repetidores en la red de paquetes de radio del área metropolitana de San Francisco se muestra en un mapa archivado en el Museo de Historia de la Informática. El edificio de Menlo Park era la sede del Instituto de Investigación de Stanford (SRI). Para consultar un diagrama que muestra la ruta de los paquetes en el experimento de 1977, véase Janet Abbate, *Inventing the Internet*, Cambridge (Massachusetts), MIT Press, 2000 (1999), p. 132.

4. En la sede del SRI en Menlo Park, los paquetes saltaban de la red de paquetes de radio del área metropolitana de San Francisco (PRNET) a ARPANET, y de allí viajaban a las instalaciones del Array

Sísmico de Noruega (NORSAR) de Kjeller. El NORSAR era el primer nódulo no estadounidense en ARPANET, y su vínculo al otro lado del Atlántico era vía satélite; utilizaba una estación terrestre en Tanum, Suecia, para comunicarse vía satélite con el Centro de Análisis de Datos Sísmicos (SDAC) de Alexandria, Virginia. Aquí es donde empieza la confusión: los paquetes viajaban vía satélite a través del Atlántico mientras estaban en ARPANET cuando iban a Europa, y luego otra vez de vuelta vía satélite, pero entonces usaban el Atlantic Packet Satellite Network (SATNET), no ARPANET. Véase *ibid.*; Cerf y Kahn, *30th Anniversary of Internetting with TCP/IP*, YouTube, empieza alrededor del minuto 23.45, y «ARPANET Logical Map, March 1977», Museo de Historia de la Informática.

5. La instalación en las afueras de Oslo eran el NORSAR. El satélite era parte de Intelsat IVA, un conjunto de satélites geoestacionarios de comunicaciones propiedad de Intelsat, y pertenecía a SATNET. La parada en Londres era el nódulo ARPANET ubicado en el University College de Londres. Véase Abbate, *Inventing the Internet*, p. 132.

6. La Estación Terrestre de Etam está a unos sesenta y cinco kilómetros de Philippi, donde tuvo lugar la batalla de Philippi, del 3 de junio de 1861.

7. «On a Mountain», 1909, en Ambrose Bierce, *A Sole Survivor. Bits of Autobiography*, ed. de S. T. Joshi y David E. Schultz, Knoxville, University of Tennessee Press, 1998, p. 7.

8. La parada de Cambridge, Massachusetts, era la oficina de Bolt Beranek and Newman (BBN), mientras que el destino final de los paquetes era el Instituto de Ciencias de la Información (ISI) de la Universidad de California del Sur. Véase Abbate, *Inventing the Internet*, p. 132.

9. Cerf, en «How the Internet Came to Be», asegura que la distancia total del trayecto era de 151.000 kilómetros; Metz, en «How a Bread Truck Invented the Internet», la estima en 141.000. Lo de los dos segundos procede de Metz, así como el hecho de que no está claro qué mensaje contenían los paquetes.

10. Mi relato de los orígenes de internet se basa sobre todo en *Inventing the Internet*, de Abbate. Mi entrevista con Don Nielson, el 4 de junio de 2016, también sirvió para recrear el contexto.

11. Nathan S. Newman, *Net Loss. Government, Technology and the Political Economy of Community in the Age of the Internet*, Berkeley, University of California Press, 2010 (2002), p. 42.

12. ARPA pasó a llamarse DARPA en 1973, volvió a ARPA en 1993 y de nuevo a DARPA en 1996. Para simplificar, me refiero al organismo como DARPA. Lo que explico de los orígenes de la DARPA y ARPANET en este capítulo se basa en Abbate, *Inventing the Internet*, pp. 7-81, y Johnny Ryan, *A History of the Internet and the Digital Future*, Londres, Reaktion Books, 2010, pp. 23-30.

13. Ryan, *A History of the Internet*, pp. 16-17.

14. Abbate, *Inventing the Internet*, pp. 135 y 195.

15. Llegó un momento en que BBN, el contratista de la DARPA que construyó los nódulos de intercambio de paquetes de ARPANET (conocidos como Interface Message Processors, o IMP), se negó a compartir el código fuente de sus programas. Esto provocó un conflicto en la comunidad de contratistas de ARPANET, como se explica en Abbate, *Inventing the Internet*, pp. 70-71, y en Katie Hafner y Matthew Lyon, *Where the Wizards Stay Up Late. The Origins of the Internet*, Nueva York, Simon and Schuster, 2006 (1996), pp. 233-234. Al final la DARPA obligó a BBN a compartir el código fuente.

16. Lo que explico del proyecto de la interred de la DARPA en este capítulo está basado en Cerf, entrevistado por O'Neill; Nielson, entrevistado por mí; Ryan Singel, «Vint Cerf: We Knew What We Were Unleashing on the World», *Wired*, 23 de abril de 2012; Cerf y Kahn, «30th Anniversary of Internetting with TCP/IP», <https://youtu.be/pSAtq43e0tQ>; Abbate, *Inventing the Internet*, pp. 113-145; Ryan, *A History of the Internet*, pp. 31-44; Hafner y Lyon, *Where the Wizards Stay Up Late*, pp. 219-237, y Barry M. Leiner *et al.*, «A Brief History of the Internet», *Internet Society*, 20 de febrero de 1997, disponible en <arxiv.org>.

17. La red de paquetes de radio del área metropolitana de San Francisco (PRNET) empezó a funcionar en 1975, el mismo año en que comenzó el Atlantic Packet Satellite Network (SATNET), según señala Abbate, *Inventing the Internet*, pp. 118-121. Sobre las motivaciones militares de vincular las redes inalámbricas con ARPANET, véase también Cerf y Khan, *30th Anniversary of Internetting with TCP/IP*, YouTube, a partir del minuto 13.54.

18. El anteproyecto era de Vint Cerf y Robert Kahn, «A Protocol for Packet Network Intercommunication», *IEEE Transactions on Communications*, 22, n.º 5, mayo de 1974, pp. 637-648.

19. *Ibid.*, p. 647. Un correo electrónico que recibí de Vinton Cerf el 30 de junio de 2016 me proporcionó más contexto. En aquel momento, Cerf era profesor en UCLA y Khan trabajaba para la DARPA.

20. Ben Tarnoff, «How the Internet Was Invented», *The Guardian*, 15 de julio de 2016. Se considera más importante el experimento entre las tres redes de 1977, ya que confirmó que el protocolo de internet se generalizaría en cualquier red. Según Cerf, «si se podía hacer con tres, se podía hacer con cualquier cantidad de ellas»; véase Cerf y Kahn, *30th Anniversary of Internetting with TCP/IP*, YouTube, a partir del minuto 6.12.

21. Cerf, entrevistado por O'Neill, p. 28.

22. El protocolo inicial que desarrollaron Cerf y Khan se llamaba Transmission Control Program (TCP); véanse Cerf y Kahn, «A Protocol for Packet Network Intercommunication», y Vinton Cerf, Yogen Dalal y Carl Sunshine, «Specification of Internet Transmission Control Program», RFC 675, diciembre de 1974. En 1978 el protocolo se dividió en dos partes: el TCP (ahora el Transmission Control *Protocol*), que se ocuparía de las comunicaciones entre ordenadores, y el IP (el Internet Protocol), que se ocuparía de las comunicaciones entre redes. Los dos protocolos se conocían como TCP/IP; véase Abbate, *Inventing the Internet*, p. 130. Más tarde, el conjunto de protocolos TCP/IP crecería para incluir otros protocolos como el File Transfer Protocol (FTP), que se ocupa de transferir archivos entre ordenadores, y el Hypertext Transfer Protocol (HTTP), gracias al cual funciona la World Wide Web.

23. David Vine, *The United States of War. A Global History of America's Endless Conflicts, from Columbus to the Islamic State*, Berkeley, University of California Press, 2020, p. 2.

24. K. K. Rebecca Lai *et al.*, «Is America's Military Big Enough?», *The New York Times*, 22 de marzo de 2017.

25. Abbate, *Inventing the Internet*, p. 144.

26. El proyecto de paquetes de radio se quedó en una fase experimental, según Abbate, *Inventing the Internet*, p. 120. El impulso para

aceptar el TCP/IP lo inició la Agencia de Comunicaciones de Defensa, que necesitaba una manera de conectar ARPANET y otra red del Pentágono llamada AUTODIN II; véase *ibid.*, pp. 133-142. Esto también se trató en la entrevista que le hice a Nielson.

27. Citado en Abbate, *Inventing the Internet*, p. 139.

28. *Ibid.*, pp. 140-144; Hafner y Lyon, *Where the Wizards Stay Up Late*, pp. 248-249; Ryan, *A History of the Internet*, pp. 88-91. En 1983, el mismo año en que ARPANET cambió a TCP/IP, los nódulos militares se separaron de ARPANET para formar una red clasificada, «MILNET»; las dos redes podían comunicarse mediante TCP/IP.

29. Hafner y Lyon, *Where the Wizards Stay Up Late*, pp. 244-245. Internet pasó de quince redes en 1982 a más de cuatrocientas en 1986, crecimiento que fue fruto de la conexión de las redes de área local (LAN) a internet, en su mayoría desde los campus universitarios; véase Abbate, *Inventing the Internet*, pp. 186-188.

30. Abbate, *Inventing the Internet*, p. 183. En *ibid.*, pp. 183-186, también se trata la Red de Investigación Informática (CSNET), una red fundada por la NSF a principios de los años ochenta cuyo propósito era conectar a todos los informáticos del país que trabajasen para la academia, en el comercio, en organizaciones sin ánimo de lucro o en la administración; véase también Hafner y Lyon, *Where the Wizards Stay Up Late*, pp. 240-246. Después de CSNET, la NSF desarrolló NSFNET, que atrajo a muchos más usuarios y se hizo con la red troncal de ARPANET a finales de los años ochenta; véase Abbate, *Inventing the Internet*, pp. 191-195. ARPANET se desmanteló en 1990.

31. *Ibid.*

32. Rajiv C. Shah y Jay P. Kesan, «The Privatization of the Internet's Backbone Network», *Journal of Broadcasting & Electronic Media*, vol. 51, n.º 1 (2007), pp. 93-94. Shah y Kesan extraen los datos de Jeffrey K. MacKie-Mason y Hal Varian, «The Economics of the Internet», *Dr. Dobb's Journal*, enero de 1994. MacKie-Mason y Varian estiman el coste anual de las operaciones de la red troncal de NSFNET y sus subvenciones a las redes regionales en veinte millones de dólares, y añaden que esta cantidad era «menos del 10 por ciento del total de lo que Estados Unidos se gastó en internet», que procedía de otras fuentes públicas. Shah y Kesan calcularon esas cantidades (260 millones y 1.600 millones de dólares) multiplicando por ocho las estima-

ciones anuales de MacKie-Mason y Varian, porque Merit operó la red troncal NSFNET durante ocho años (desde 1987 hasta 1995). Las cantidades de Shah y Kesan son aproximadas, pero siguen siendo la mejor estimación disponible.

33. Otro hito importante en la creciente disponibilidad de internet era la implementación de TCP/IP en varios sistemas operativos. Esta operación obtuvo el apoyo del director de la Agencia de Comunicaciones de Defensa, que estableció una «financiación de veinte millones de dólares para fabricar ordenadores que implementasen el TCP/IP en sus máquinas», según Abbate, *Inventing the Internet*, p. 143. La DARPA también financió la implementación del TCP/IP en la versión de Unix de Berkeley, la ampliamente utilizada BSD (Berkeley Software Distribution), que apareció en una versión lanzada en 1983; véase Hafner y Lyon, *Where the Wizards Stay Up Late*, p. 250.

34. Jay P. Kesan y Rajiv C. Shah, «Fool Us Once Shame on You— Fool Us Twice Shame on Us: What We Can Learn from the Privatizations of the Internet Backbone Network and the Domain Name System», *Washington University Law Quarterly*, vol. 79, n.º 1 (2001), pp. 117-119.

35. *Ibid.*, pp. 130 y 133. Kesan y Shah comentan dos informes de la Oficina de Política Científica y Tecnológica —«A Research and Development Strategy for High Performance Computing» (1987) y «The Federal High Performance Computing Program» (1989)—, así como el «Program Plan» (1989) del Comité Federal de Coordinación de la Investigación sobre Internet.

36. Janet Abbate, «Privatizing the Internet: Competing Visions and Chaotic Events, 1987-1995», *IEEE Annals of the History of Computing*, vol. 32, n.º 1 (enero de 2010), p. 14.

37. *Ibid.*, pp. 14-15; Abbate, *Inventing the Internet*, p. 196. Para un análisis del sector privado que ganó dinero con internet, véase Newman, *Net Loss*, pp. 62-69. Un ejemplo de la monetización del sector en el internet de la era de la NSF es MCI Mail, que el pionero de internet Vint Cerf contribuyó a desarrollar. Cerf convenció a la NSF de que permitiera que MCI Mail se conectase a internet en 1988; CompuServe y Sprint también obtuvieron autorización. Véase Kesan y Shah, «Fool Us Once Shame on You», p. 112.

38. Hafner y Lyon, *Where the Wizards Stay Up Late*, p. 244; Abbate, *Inventing the Internet*, pp. 197-199. En 1991 tres proveedores comerciales —PSINet, CERFNet y AlterNet— formaron una organización sin ánimo de lucro llamada Commercial Internet Exchange (CIX), que creó una pasarela para vincular las tres redes. La CIX se convirtió, en palabras de Abbate, en «una versión comercial de internet».

39. Newman, *Net Loss*, pp. 64-67.

40. *Ibid.*, pp. 213-218. Mi exposición en este capítulo del proceso de privatización del NSF se basa en *ibid.*, pp. 195-205; Abbate, «Privatizing the Internet», pp. 10-19; Kesan y Shah, «Fool Us Once Shame on You», pp. 111-143; Shah y Kesan, «The Privatization of the Internet's Backbone Network», pp. 93-106.

41. Citado en Kesan y Shah, «Fool Us Once Shame on You», p. 125.

42. Las cinco empresas que se convirtieron en proveedores de red troncal en 1995 fueron UUNET, ANS, SprintLink, BBN y MCI, con una cuota de mercado combinada del 90 por ciento; véase Shah y Kesan, «The Privatization of the Internet's Backbone Network», p. 103.

43. Newman, *Net Loss*, p. 74.

44. Kesan y Shah, «Fool Us Once Shame on You», p. 117.

45. Citado en Yasha Levine, *Surveillance Valley. The Secret Military History of the Internet*, Nueva York, PublicAffairs, 2018, p. 126.

46. Abbate, «Privatizing the Internet», p. 17.

47. Robert Kahn y Vinton Cerf, «Al Gore and the Internet», 1 de octubre de 2000; circuló inicialmente en la lista de correo electrónico de Politech. El dinero para NSFNET en la propuesta de ley de Gore se asignó bajo los auspicios de la creación de una «National Research and Education Network» (NREN), con el NSFNET ahora reformulado como un «NREN provisional»; véase Abbate, «Privatizing the Internet», p. 16.

48. Richard Wiggins, «Al Gore and the Creation of the Internet», *First Monday*, vol. 5, n.º 10 (octubre de 2000).

49. *Ibid.*; Wiggins, «Al Gore and the Creation of the Internet». Gore empezó a utilizar las expresiones «autopista de la información» y «superautopista de la información» a mediados de los años ochenta.

Para saber más sobre los políticos en los inicios de internet, durante la primera administración Clinton, véase Daniel Greene, *The Promise of Access. Technology, Inequality, and the Political Economy of Hope*, Cambridge (Massachusetts), MIT Press, 2021, pp. 38-42.

50. Abbate, «Privatizing the Internet», p. 17; Victor Pickard y David Elliot Berman, *After Net Neutrality. A New Deal for the Digital Age*, New Haven (Connecticut), Yale University Press, 2019, pp. 45-46; Kesan y Shah, «Fool Us Once Shame on You», p. 119.

51. «So You Want to Buy a President», PBS Frontline, 30 de enero de 1996, transcripción disponible en <pbs.org>. Gore pronunció su discurso el 21 de diciembre de 1993 en el National Press Club de Washington D. C.; el texto está disponible en <clintonwhitehouse6.archives.gov>.

52. La propuesta de ley de Inouye fue la Ley de Infraestructuras de Telecomunicaciones Públicas Nacionales de 1994 (S. 2195), presentada en junio de 1994; las citas provienen del texto de la propuesta, disponible en <congress.gov>. Esta matizaba las obligaciones de las empresas de telecomunicaciones; se reducirían o se eliminarían si la red del proveedor tenía «suficiente arquitectura abierta, capacidad y condiciones de acceso no discriminatorias». Ese mismo año, Inouye también patrocinó la Ley de Comunicaciones de 1994 (S. 1822), que inicialmente incluía una cláusula de Inouye que exigía una reserva del 20 por ciento para actividades públicas. Luego se redujo a un 5 por ciento y el servicio no tendría que proporcionarse gratuitamente, sino a «tarifas progresivas basadas en el coste»; para el análisis, véase Patricia Aufderheide, *Communications Policy and the Public Interest. The Telecommunications Act of 1996*, Nueva York, The Guilford Press, 1999, pp. 51-53, y, para la propuesta de ley, <congress.gov>. Para profundizar sobre la figura de Inouye, véanse Levine, *Surveillance Valley*, pp. 126-127; Ernest F. Hollings, «Digital Technology, Rotary Laws», *The New York Times*, 13 de junio de 1994; Steve Farnsworth y James Love, «High Tech Needs "MacNeil/Lehrer," Too», *The New York Times*, 31 de julio de 1994. Cabe señalar que Inouye no fue el único que propuso una estructura diferencial de tarifas; la Ley Antitrust y de Reforma de las Comunicaciones de 1994 (H.R. 3626) también instó a las empresas tecnológicas a que proporcionasen tarifas preferenciales a «las instituciones de servicio público».

53. Aufderheide, *Communications Policy and the Public Interest*, pp. 45-46 y 51; People for the American Way and the Media Access Project, «Public Interest Groups Hail Introduction of Bill to Provide "Public Lane" on the Information Superhighway», comunicado de prensa, 15 de junio de 1994.

54. US Postal Service, «Postage Rates for Periodicals: A Narrative History», junio de 2010. La comparación con el servicio postal estadounidense la hizo entonces la Electronic Frontier Foundation, un miembro de la Plataforma de Políticas de las Telecomunicaciones, en una conferencia financiada por la NSF y dedicada a debatir sobre el NREN; véase «Proceedings of the NREN Workshop (Monterey, California, September 16-18, 1992)», pp. A147-A149, disponible en <files.eric.ed.gov/fulltext/ED356768.pdf>.

55. Kesan y Shah, «Fool Us Once Shame on You», pp. 102-103. La Ley de Comunicaciones de 1996 introdujo el programa E-Rate, que dotaba a las bibliotecas y escuelas públicas de un servicio telefónico y de internet a tarifas reducidas, subvencionadas por el Universal Service Fund, que a su vez se financia a través de cargos adicionales a las facturas telefónicas. Pero las empresas de telecomunicaciones son reacias a cumplir los requisitos del programa y suelen imponer cargos adicionales a las escuelas y las bibliotecas; véase Jeff Gerth, «AT&T, Feds Neglect Low-Price Mandate Designed to Help Schools», *ProPublica*, 1 de mayo de 2012; Laura Meckler y Douglas MacMillan, «"There Has to Be an Accounting": Former AT&T Lawyer Says Company Systemically Overcharged Neediest Schools», *The Washington Post*, 18 de marzo de 2021.

56. John Markoff, «The Media Business; New Coalition to Seek a Public Data Highway», *The New York Times*, 26 de octubre de 1993.

57. El «Acuerdo para el Comercio Electrónico Global» está disponible en <clintonwhitehouse4.archives.gov>.

58. Ashley Dunn, «Information Freeway?; Open Data Path Is Urged», *The New York Times*, 4 de agosto de 1994; Ernie Smith, «The Tale of the Free-Net, the Cheap Way Dial-Up Users Got Online», *Vice*, 20 de enero de 2018.

2. El saqueo continúa

1. Kesan y Shah, «Fool Us Once Shame on You», p. 150. Los proveedores de redes troncales son los que gestionan redes de nivel 1, es decir, que pueden llegar a todo internet mediante acuerdos entre usuarios, sin comprar tránsito. Como estos acuerdos son privados, no se sabe qué redes son de nivel 1. Como mínimo, la lista de redes estadounidenses de nivel 1 incluye AT&T, Verizon, Lumen Technologies, GTT Communications, Sprint y Zayo Group (Comcast opera esencialmente una red de nivel 1 porque llega a todo Estados Unidos mediante acuerdos entre usuarios, aunque debe comprar tránsito en el extranjero). Los cinco proveedores de red troncal en 1995 eran UUNET, ANS, SprintLink, BBN y MCI. En 1996 UUNET fue adquirida por WorldCom, que a su vez fue comprada por Verizon en 2006; SprintLink sigue funcionando como red de nivel 1 propiedad de Sprint; los activos de internet de BBN los adquirió Level 3 Communications (ahora Lumen) en 2003, y MCI fue adquirida por WorldCom en 1998, ocho años antes de que Verizon comprase WorldCom.

2. Shah y Kesan, «The Privatization of the Internet's Backbone», pp. 102-103; Kesan y Shah, «Fool Us Once Shame on You», pp. 147-151; Abbate, «Privatizing the Internet», p. 18; April Glaser y Seth Schoen, «Peering into the Soft Underbelly of Net Neutrality», Electronic Frontier Foundation, 19 de febrero de 2014; Martin Hannigan, «Interconnection Agreements at Scale: Secret or Simple?», APNIC, 26 de octubre de 2017.

3. Pickard y Berman, *After Net Neutrality*, pp. 58-59; Allan Holmes y Chris Zubak-Skees, «U.S. Internet Users Pay More and Have Fewer Choices Than Europeans», Center for Public Integrity, 2 de abril de 2015.

4. Mi exposición en este capítulo de los orígenes del concepto de operador y su aplicación a las telecomunicaciones se basa en Eli M. Noam, «Beyond Liberalization II: The Impending Doom of Common Carriage», Columbia University Working Papers Server Project, 15 de marzo de 1994; Philip M. Nichols, «Redefining "Common Carrier": The FCC's Attempt at Deregulation by Redefinition», *Duke Law Journal*, vol. 1.987, n.º 3 (junio de 1987), pp. 501-520.

5. Mi exposición de la Ley de Comunicaciones de 1996 y de los cambios ulteriores en la regulación de la banda ancha se basa en Pickard y Berman, *After Net Neutrality*, pp. 25-68.

6. Biden animó a la FCC a adoptar normas de neutralidad de la red similares a las aplicadas por la FCC de la era Obama en su «Executive Order on Promoting Competition in the American Economy», 9 de julio de 2021.

7. Pickard y Berman, *After Net Neutrality*, p. 48. La decisión que tomó el Tribunal Supremo en 2005 fue *National Cable & Telecommunications Ass'n v. Brand X Internet Services*; véase *ibid.*, pp. 29-30 y 47-50.

8. *Ibid.*, pp. 39-44 y 65-66.

9. Sandvine, *Global Internet Phenomena Report 2019*, San Jose (California), Sandvine, 2019, p. 17.

10. Edward Wyatt y Noam Cohen, «Comcast and Netflix Reach Deal on Service», *The New York Times*, 23 de febrero de 2014; Jon Brodkin, «Netflix Is Paying Comcast for Direct Connection to Network», *Ars Technica*, 23 de febrero de 2014. Además de realizar interconexiones con los proveedores en puntos de intercambio de internet, Netflix coloca sus «Open Connect Appliances» (OCA) —servidores llenos de contenidos de Netflix— directamente dentro de las redes de los proveedores; véase Nihit Tandon, «Netflix Content Distribution through Open Connect», APNIC, 20 de junio de 2018. Una nota sobre mi uso del nombre «Google»: desde que se llevó a cabo una reestructuración de la empresa en 2015, la empresa matriz de Google se llama Alphabet, y Google es, técnicamente, una sucursal. Sin embargo, para simplificar, en todo el libro utilizo «Google» para referirme tanto a la empresa matriz como a sus filiales. Hago lo mismo con Facebook, que a finales de 2021 cambió su nombre por el de Meta.

11. La interconexión de redes pequeñas y medianas se conoce como *donut peering*; el «agujero» del dónut está formado por las redes más grandes que las otras bordean.

12. David Anders, «Whatever Happened to Google Fiber?», CNET, 5 de marzo de 2021.

13. Adam Satariano, «How the Internet Travels Across Oceans», *The New York Times*, 10 de marzo de 2019.

14. Jameson Zimmer, «Google Owns 63,605 Miles and 8.5% of Submarine Cables Worldwide», *BroadbandNow*, 12 de septiembre de 2018.

15. El «Acuerdo para el Comercio Electrónico Global» está disponible en <clintonwhitehouse4.archives.gov>.

16. Becky Chao y Claire Park, «The Cost of Connectivity 2020», New America, julio de 2020.

17. Ookla, «Speedtest Global Index», velocidades medias mundiales de banda ancha fija, junio de 2021, disponible en <speedtest.net>. El índice de satisfacción del consumidor estadounidense registra las puntuaciones por sectores desde 1995. En 2020 los proveedores de servicios de internet recibieron una puntuación de 65 sobre 100, mientras que las aerolíneas recibieron una puntuación de 75 sobre 100 y los seguros de salud, de 72 sobre 100. Las puntuaciones específicas del sector están disponibles en <theacsi.org/acsi-benchmarks/benchmarks-by-industry>.

18. El director ejecutivo de Comcast es Brian L. Roberts, y su sueldo total de 2019 se facilita en un DEF 14A (un formulario de la Comisión de Bolsa y Valores, SEC), archivado por Comcast el 24 de abril de 2020 y disponible en <cmcsa.com/node/34631/html#toc781322_11>. En 2017 Charter se gastó 13.200 millones de dólares en compras de acciones y Comcast declaró cinco mil millones de gastos en compras de acciones, además de otros cinco mil millones para incrementar el dividendo anual; véase Pickard y Berman, *After Net Neutrality*, p. 68. En octubre de 2018, Comcast anunció que interrumpiría temporalmente las compras de acciones debido a los altos niveles de deuda derivados de su adquisición del conglomerado británico de medios y telecomunicaciones Sky; se reanudaron las compras en mayo de 2021.

19. Steve Lohr, «Digital Divide Is Wider Than We Think, Study Says», *The New York Times*, 4 de diciembre de 2018.

20. Monica Anderson, «Mobile Technology and Home Broadband 2019», Pew Research Center, 13 de junio de 2019.

21. Andrew Perrin, «Digital Gap between Rural and Nonrural America Persists», Pew Research Center, 31 de mayo de 2019; Monica Anderson y Madhumitha Kumar, «Digital Divide Persists Even as Lower-Income Americans Make Gains in Tech Adoption», Pew

Research Center, 7 de mayo de 2019; Andrew Perrin y Erica Turner, «Smartphones Help Blacks, Hispanics Bridge Some—but Not All—Digital Gaps with Whites», Pew Research Center, 20 de agosto de 2019.

22. Communications Workers of America and the National Digital Inclusion Alliance, «AT&T's Digital Redlining: Leaving Communities Behind for Profit», octubre de 2020.

23. Anderson, «Mobile Technology and Home Broadband 2019».

24. Aaron Smith, «Searching for Work in the Digital Era», Pew Research Center, 19 de noviembre de 2015.

25. Tony Romm, «"It Shouldn't Take a Pandemic": Coronavirus Exposes Internet Inequality among US Students as Schools Close Their Doors», *The Washington Post*, 16 de marzo de 2020; Cecilia Kang, «Parking Lots Have Become a Digital Lifeline», *The New York Times*, 5 de mayo de 2020.

26. Monica Anderson y Andrew Perrin, «Nearly One-in-Five Teens Can't Always Finish Their Homework Because of the Digital Divide», Pew Research Center, 26 de octubre de 2018.

27. Citado en Kang, «Parking Lots Have Become a Digital Lifeline».

28. Wendy Brown, *Undoing the Demos. Neoliberalism's Stealth Revolution*, Nueva York, Zone Books, 2015, p. 178.

29. John Dewey y James Hayden Tufts, *Ethics*, Nueva York, Henry Holt and Company, 1908, pp. 437-438. Para un análisis de la idea de Dewey de la libertad positiva, véase Robert B. Westbrook, *John Dewey and American Democracy*, Ithaca (Nueva York), Cornell University Press, 1991, pp. 43-51.

30. Stuart Hall, «The State: Socialism's Old Caretaker» (1984), en *Selected Political Writings. The Great Moving Right Show and Other Essays*, ed. de Sally Davison *et al.*, Durham (Carolina del Norte), Duke University Press, 2017, p. 237.

31. Karl Marx, *Economic and Philosophical Manuscripts of 1844*, trad. de Gregor Benton, disponible en <marxists.org>.

3. Los conductos de las personas

1. «Chattanooga Vota Is for TVA Power», *The New York Times*, 13 de marzo de 1935.

2. EPB, «Our History», <https://epb.com/about/history/>. Según *Q1 2010 Akamai's State of the Internet Connectivity Report*, Cambridge (Massachusetts), Akamai Technologies, 2010, p. 10, la velocidad media de conexión en Estados Unidos era entonces de 4,7 megabits por segundo.

3. Mi exposición sobre la Gig en este capítulo se basa en Evan Malmgren, «The New Sewer Socialists», *Logic*, 1 de diciembre de 2017.

4. Consumer Reports ha clasificado a EPB como el mejor proveedor de internet de Estados Unidos dos veces en tres años, según Karl Bode, «A Community-Run ISP Is the Highest Rated Broadband Company in America», *Vice*, 14 de agosto de 2018.

5. EPB, «EPB to Offer Discounted Internet for Low-Income Families», disponible en <epb.com>.

6. Chris Brooks, «From Sewer Socialism to Server Socialism: Appalachia's Internet Revolution», *In These Times*, 6 de febrero de 2018.

7. Institute for Local Self-Reliance, «Community Network Map», disponible en <muninetworks.org>. Las cooperativas recibieron préstamos baratos, como se estipulaba en la Ley de Electrificación Rural de 1936; la Autoridad del Valle del Tennessee se había creado tres años antes, en virtud de la Ley de la Autoridad del Valle del Tennessee de 1933.

8. David Talbot, Kira Hessekiel y Danielle Kehl, «Community-Owned Fiber Networks: Value Leaders in America», Berkman Klein Center for Internet and Society Research Publication, enero de 2018.

9. *Ibid.*, p. 11. La conclusión de los investigadores de Harvard es corroborada por Chao y Park, «The Cost of Connectivity 2020».

10. Broadband Now, «Internet Service in North Dakota», <broadbandnow.com>. Según *ibid.*, el 93,5 por ciento de los habitantes de Dakota del Norte tienen acceso a banda ancha de un gigabit. Las cifras de población proceden de estimaciones de la Oficina del Censo estadounidense, 1 de julio de 2019.

11. Katie Kienbaum *et al.*, «How Local Providers Built the Nation's Best Internet Access in Rural North Dakota», Institute for Local Self-Reliance, mayo de 2020.

12. *Ibid.*

13. Robin Anderson, entrevistado por Christopher Mitchell, pódcast *Community Broadband Bits*, 9 de enero de 2018, transcripción disponible en <muninetworks.org>.

14. R. K. Upadhya, «Parliaments of the Earth», *Logic*, 17 de mayo de 2021; Michael Seto y Cheryl Chasin, «General Survey of I.R.C. 501(c)(12) Cooperatives and Examination of Current Issues», Internal Revenue Service, 2002.

15. Estimaciones de la Oficina del Censo estadounidense, 1 de julio de 2019.

16. Detroit Community Technology Project, «Equitable Internet Initiative», disponible en <detroitcommunitytech.org>.

17. La exposición que hago de la Iniciativa por un Internet Igualitario está basada en J. Gabriel Ware, «When They Couldn't Afford Internet Service, They Built Their Own», *YES! Magazine*, 6 de marzo de 2018; Mozilla, «Connecting the Unconnected in Detroit», 20 de febrero de 2018; *Meet the People Building Their Own Internet in Detroit*, *Vice. Motherboard*, 16 de noviembre de 2017, YouTube; Rising Voices, «Building Resilience with Community Technology across the United States», 3 de febrero de 2019; Aaron Kalischer-Coggins, «How Detroit Residents Are Building Their Own Internet», *The Hill*, 28 de mayo de 2021; Rebecca Ruiz, «So Many People Don't Have Internet—and It's Not Their Fault», *Mashable*, 6 de abril de 2021; empleado del DCTP, entrevistado por el autor, 25 de junio de 2021.

18. Diana J. Nucera *et al.*, eds., *Teaching Community Technology Handbook*, Detroit Community Technology Project, 2015.

19. Detroit Community Technology Project, «Equitable Internet Initiative Working Principles», 2020.

20. Greene, *The Promise of Access*.

21. «Equitable Internet Initiative Working Principles».

22. Tyler Cooper, «Municipal Broadband Is Restricted in 18 States across the U.S. in 2021», *BroadbandNow*, 3 de mayo de 2021.

23. «Comcast Sues EPB in Hamilton County on Eve of Bond Issue», *Chattanoogan.com*, 22 de abril de 2008.

24. Pickard y Berman, *After Net Neutrality*, p. 110.

25. El Tribunal de Apelaciones del Sexto Circuito anuló en 2016 la orden de prioridad de la FCC en *Tennessee contra FCC*; para un análisis, véase John T. Cobb, «Broad-Banned: The FCC's Preemption of State Limits on Municipal Broadband and the Clear Statement Rule», *Emory Law Journal*, vol. 68, n.º 2 (2018), pp. 406-439. Periódicamente se presentan proyectos de ley en el Congreso para prohibir a los gobiernos estatales y locales que restrinjan la banda ancha municipal, y hasta ahora no han tenido éxito; por ejemplo, la Ley de Banda Ancha Comunitaria de 2017 (S. 742) y la Ley de Banda Ancha Comunitaria de 2019 (H.R. 2785).

26. Elizabeth Warren, «My Plan to Invest in Rural America», 7 de agosto de 2019.

27. Bernie Sanders, «High-Speed Internet for All», diciembre de 2019.

28. La red de Washington D. C. se llama DC-Net, mientras que el programa que presta servicio a las organizaciones sin ánimo de lucro comunitarias se llama DC Columbia Community Access Network (DC-CAN); véanse «About DC-Net», <dcnet.dc.gov>, y «DC-CAN FAQs», <dcnet.dc.gov>.

29. Aaron Wiener, «Fiber-Optical Illusion», *Washington City Paper*, 2 de mayo de 2013.

30. Thomas M. Hanna, Mathew Lawrence, Adrienne Buller y Miriam Brett, «Democratic Digital Infrastructure», Common Wealth and The Democracy Collaborative, 18 de mayo de 2020, p. 33.

31. Anderson, «Mobile Technology and Home Broadband 2019».

32. Hanna *et al.*, «Democratic Digital Infrastructure», p. 33.

33. Masha Zager, «To Reduce Network Operating Expenses, Choose FTTH», *Broadband Communities*, julio de 2020.

34. US Bureau of Labor Statistics, «Employment by Major Industry Sector», disponible en <bls.gov>.

35. Grant Suneson, «The Largest Employer in Every State», *24/7 Wall St.*, 8 de abril de 2021.

36. Joe Guinan y Martin O'Neill, *The Case for Community Wealth Building*, Cambridge, Polity, 2020, p. 2. Véase *ibid.*, pp. 9-16, sobre los experimentos de Cleveland y Preston, e *ibid.*, pp. 25-26, sobre el papel de las instituciones faro.

37. Noam Cohen, «Red Hook's Cutting-Edge Wireless Network», *The New York Times*, 22 de agosto de 2014. Otro enfoque interesante sobre la propiedad de la fibra es el «modelo de urbanización», en el que la banda ancha la gestiona el vecindario; véase Derek Slater y Tim Wu, «Homes with Tails: What If You Could Own Your Internet Connection?», *CommLaw Conspectus. Journal of Communications Law and Technology Policy*, n.º 18 (2009), pp. 67-95.

38. Algunas posibles intervenciones regionales y nacionales son el plan federal «Fibra para todos» recomendado en Pickard y Berman, *After Net Neutrality*, pp. 112-113, la idea postal de los proveedores analizada en Paris Marx, «Build Socialism through the Post Office», *Jacobin*, 15 de abril de 2020, y la propuesta de Abdul el-Sayed para un proveedor estatal y público, «MI-Fi», que explicó cuando era candidato a gobernador de Michigan en 2018.

39. Andrew Blum, entrevistado por Christopher Mitchell, pódcast *Community Broadband Bits*, 2 de febrero de 2016, transcripción disponible en <muninetworks.org>. Véase también Andrew Blum, *Tubes. A Journey to the Center of the Internet*, Nueva York, HarperCollins, 2012. La EPB de Chattanooga se conecta con Level 3, Hurricane Electric y Cogent Communications; véase <bgp.he.net/AS26827#_asinfo>.

40. Comcast, Charter, Verizon y AT&T acumulan el 76 por ciento de las suscripciones en Estados Unidos; véase Pickard y Berman, *After Net Neutrality*, pp. 58-59. Verizon, AT&T y Comcast son las compañías que también operan redes troncales.

41. Kate Aronoff, Alyssa Battistoni, Daniel Aldana Cohen y Thea Riofrancos, *A Planet to Win. Why We Need a Green New Deal*, Londres, Verso, 2019, p. 107.

42. Existen dos razones principales de que haya tanta fibra inutilizada. La primera es el legado del exceso de construcción durante el *boom* de las puntocoms. La segunda es que el exceso de construcción es la norma; la fibra se suele instalar con más capacidad que la que se usará a corto plazo a consecuencia de los costes asociados con la instalación.

43. La frase en el original de *Dantons Tod* (1985), en alemán, dice así: «Wer eine Revolution zur Hälfte vollendet, gräbt sich selbst sein Grab».

4. Desde abajo

1. Empleado de DCTP entrevistado por el autor, 25 de junio de 2021.

2. Para una descripción de los principales programas federales de financiación de la banda ancha, véase *BroadbandNow*, «National Broadband Map», disponible en <broadbandnow.com>.

3. Jon Brodkin, «CenturyLink, Frontier Took FCC Cash, Failed to Deploy All Required Broadband», *Ars Technica*, 23 de enero de 2020. Los 505,7 millones de dólares de financiación anual proceden del Connect America Fund, que es un programa dentro del Servicio de Fondos Universal. El director ejecutivo de CenturyLink es Jeffrey Storey.

4. Sarah Barry James y Waqar Jamshed, «CenturyLink CEO Compensation Tops List among Largest Pay TV Providers», S&P Global Market Intelligence, 21 de mayo de 2019. En septiembre de 2020, CenturyLink cambió de nombre por el de Lumen Technologies.

5. Daniel A. Hanley, «Universal Broadband, Now More Than Ever», *American Prospect*, 2 de octubre de 2020.

6. Los ingresos de Facebook en 2019 fueron de 70.700 millones de dólares, mientras que los de Google fueron de 160.740 millones.

7. David Elliot Berman, «We Need Broadband Internet for All», *Jacobin*, 23 de diciembre de 2019.

8. Gabor Molnar y Scott J. Savage, «Market Structure and Broadband Internet Quality», *Journal of Industrial Economics*, vol. 65, n.º 1 (2017), pp. 73-104, y Holmes y Zubak-Skees, «US Internet Users Pay More».

9. Dan Mahoney y Greg Rafert, «Broadband Competition Helps to Drive Lower Prices and Faster Download Speeds for U.S. Residential Consumers», Analysis Group, noviembre de 2016, p. 24.

10. En un artículo académico de 2017 publicado por un equipo de investigadores estadounidenses y taiwaneses, se llega a la conclusión de que «incluso bajo la presión competitiva de un rival, un proveedor sigue teniendo la motivación y la capacidad de imponer un cobro a los proveedores de contenidos por la entrega prioritaria de estos». Véase Hong Guo, Subhajyoti Bandyopadhyay, Arthur Lim,

Yu-Chen Yang y Hsing Kenneth Cheng, «Effects of Competition among Internet Service Providers and Content Providers on the Net Neutrality Debate», *MIS Quarterly*, vol. 41, n.º 2 (2017), pp. 353-370.

11. Brown, *Undoing the Demos*, p. 31.

12. Aristóteles, *Política*, citado en *ibid.*, p. 87.

13. Los cortes de internet en India quedan registrados en mapas del Rastreador de Cortes de Internet de SFLC.IN, disponible en <internetshutdowns.in>. India corta internet más que cualquier otro país; véase Marc Daniel Davies, «Internet Shutdowns Plunged Millions into "Digital Darkness" Last Year», *Bloomberg*, 3 de marzo de 2021.

14. Craig Timberg, «NSA Slide Shows Surveillance of Undersea Cables», *The Washington Post*, 10 de julio de 2013, y Olga Khazan, «The Creepy, Long-Standing Practice of Undersea Cable Tapping», *The Atlantic*, 16 de julio de 2013.

15. Anuj C. Desai, «Wiretapping before the Wires: The Post Office and the Birth of Communications Privacy», *Stanford Law Review*, vol. 60, n.º 2 (2007), pp. 553-594.

16. *Ibid.*, p. 565.

17. Andrew Cumbers y Thomas M. Hanna, «Constructing the Democratic Public Enterprise», Democracy Collaborative and the University of Glasgow, junio de 2019, p. 5.

18. Hall, «The State: Socialism's Old Caretaker», p. 236.

5. Arriba del montón

1. Adam Cohen, *The Perfect Store. Inside eBay*, Boston, Little, Brown, 2003 (2002), pp. 3-21. La startup que cofundó Omidyar se llamó inicialmente Ink Development Corporation, y después eShop; Microsoft la compró en 1996. El nombre de la empresa para la que trabajaba y que hacía software para ordenadores portátiles era General Magic.

2. Bill Gates, «The Internet Tidal Wave», 26 de mayo de 1995. El memorándum salió a la luz durante la investigación antimonopolio del Departamento de Justicia sobre Microsoft, y está disponible en <justice.gov/sites/default/files/atr/legacy/2006/03/03/20.pdf>.

3. Internet Live Stats, disponible en <internetlivestats.com>. Según *ibid.*, había 25.454.590 usuarios de internet en 1994.

4. *Ibid.*

5. Cohen, *The Perfect Store*, pp. 7 y 19.

6. *Ibid.*, p. 7.

7. Citado en *ibid.*

8. *Ibid.*, pp. 6-7. Véase también Pierre Omidyar, «How Pierre Omidyar Turned an Idealistic Notion into Billions of Dollars», *Inc.*, diciembre de 2013-enero de 2014.

9. Cohen, *The Perfect Store*, p. 23.

10. *Ibid.*, pp. 25-26. Más tarde, además de quedarse con una parte de las transacciones, eBay introduciría comisiones por anuncio.

11. La carta de Omidyar, fechada el 26 de febrero de 1996, se puede ver en una captura de pantalla de AuctionWeb de 1997, en <internetlivestats.com/img/auctionweb-(ebay)-1995.gif>.

12. Cohen, *The Perfect Store*, pp. 27-28, y Michele White, *Buy It Now. Lessons from eBay*, Durham (Carolina del Norte), Duke University Press, 2012, pp. 43-46. Poco después de crear el foro de comentarios, Omidyar también lanzó un tablón de anuncios en el que vendedores y compradores podían pedirse consejos, desde las mejores estrategias para pujar hasta la mejor forma de enviar los objetos.

13. Cohen, *The Perfect Store*, p. 29.

14. Tarleton Gillespie, «The Politics of "Platforms"», *New Media and Society*, vol. 12, n.º 3 (2010), pp. 347-364.

15. «Entre 1998 y 2002 se crearon cincuenta mil nuevas empresas para explotar la comercialización de internet», según Brent D. Goldfarb, David A. Kirsch y Michael D. Pfarrer, «Searching for Ghosts: Business Survival, Unmeasured Entrepreneurial Activity and Private Equity Investment in the Dot-Com Era», Robert H. Smith School Research Paper No. RHS 06-027, 12 de octubre de 2005, p. 2. Se sostiene que «24.000 empresas obtuvieron 256.000 millones de dólares de inversores formales e informales entre 1996 y 2002». Las inversiones totales de capital riesgo en Estados Unidos ascendieron a ocho mil millones de dólares en 1995 y a 105.200 millones en 2000; véase Yixi Ning, Wei Wang y Bo Yu, «The Driving Forces of Venture Capital Investments», *Small Business Economics*, vol. 44, n.º 2 (2005), p. 323.

16. Carlota Perez, «The Double Bubble at the Turn of the Century: Technological Roots and Structural Implications», CFAP/CERF Working Paper nº. 31, 10 de mayo de 2009, pp. 7 y 9. Según Perez, el punto álgido de la locura de las OPV se alcanzó en 1999, cuando salieron a Bolsa casi seiscientas empresas de información y telecomunicaciones.

17. Nick Srnicek, *Platform Capitalism*, Cambridge, Polity, 2017, p. 21. [Hay trad. cast.: *Capitalismo de plataformas*, trad. de Aldo Giacometti, Buenos Aires y Madrid, Caja Negra, 2018].

18. Citado en Tim Hwang, *Subprime Attention Crisis. Advertising and the Time Bomb at the Heart of the Internet*, Nueva York, FSG Originals x Logic, 2020, p. 9. Véase también Seth Schiesel, «Payoff Still Elusive in Internet Gold Rush», *The New York Times*, 2 de enero de 1997.

19. Perez, «The Double Bubble at the Turn of the Century», p. 12.

20. David Kleinbard, «The $1.7 Trillion Dot.com Lesson», *CNNMoney*, 9 de noviembre de 2000.

21. Greenspan utilizó esa frase en un discurso ante el Instituto Estadounidense de Empresa el 5 de diciembre de 1996. Véanse «Excerpt from the Speech by Greenspan», *The New York Times*, 7 de diciembre de 1996, y Richard W. Stevenson, «A Buried Message Loudly Heard», *The New York Times*, 7 de diciembre de 1996.

22. Jennifer Thornton y Sunny Marche, «Sorting through the Dot Bomb Rubble: How Did the High-Profile e-Tailers Fail?», *International Journal of Information Management*, vol. 23, n.º 2 (abril de 2003), pp. 128 y 130.

23. Por ejemplo, Webvan fue precursor de Instacart y del servicio de entrega de comestibles de Amazon, e incluso Pets.com se ha reencarnado en Chewy.

24. «The Results of the Direct Production Process», incluido en Karl Marx, *Capital. A Critique of Political Economy, Volume One*, trad. de Ben Fowkes, Londres, Penguin Books, 1990 (1976), pp. 1.019-1.038. [Hay trad. cast.: *El capital. Obra completa*, vol. 1, ed. de Pedro Scaron, Madrid, Siglo XXI, 2017].

25. Para un debate algo diferente sobre la subsunción formal y la real en el contexto de internet, véase Gavin Mueller, *Breaking Things at Work. The Luddites Are Right about Why You Hate Your Job*, Londres, Verso, 2021, pp. 108-109.

26. Abbate, *Inventing the Internet*, pp. 106-110; Hafner y Lyon, *Where the Wizards Stay Up Late*, pp. 187-218.

27. *Ibid.*, p. 194.

28. Ryan, *A History of the Internet*, pp. 74-87.

29. Tim Berners-Lee, *Weaving the Web*, Nueva York, HarperBusiness, 2000 (1999), p. 123. [Hay trad. cast.: *Tejiendo la red. El inventor del World Wide Web nos descubre su origen*, trad. de Mónica Rubio, Madrid, Siglo XXI, 2000].

30. Evan Malmgren, «Specter in the Machine», *Logic*, 20 de diciembre de 2020.

31. Cohen, *The Perfect Store*, p. 7.

32. White, *Buy It Now*, pp. 26-39.

33. Bill Gates, con Nathan Myhrvold y Peter Rinearson, *The Road Ahead*, Nueva York, Viking, 1995, p. 6. [Hay trad. cast.: *Camino al futuro*, trad. de Francico Ortiz Chaparro, Madrid, McGraw-Hill, 1995].

34. Como White señala en *Buy It Now*, p. 31, «el discurso comunitario de eBay hace que sus miembros trabajen gratis». Los consejos sobre el envío se encontraban en el tablón de anuncios, que se lanzó poco después del foro de comentarios.

35. «Productos como la arena para gatos y la comida para perros tienen poco margen al principio. Cuando la empresa los enviaba por todo el país y cobraba solo dos dólares el medio kilo por todo lo que superase los cinco kilos, se perdía dinero en las transacciones»; en Thornton y Marche, «Sorting through the Dot Bomb Rubble», p. 127.

36. Keyvan Alan Kashkooli, «The Making of a Modern Market: eBay.com», tesis, Universidad de California, Berkeley, 2010. Véanse pp. 1-17 para un resumen.

37. *Ibid.*, pp. 28-31.

38. *Ibid.*, p. 16.

39. El análisis que hago se basa en Nick Srnicek, que identifica cuatro características de las «plataformas»: son intermediarios, «producen y dependen de los "efectos de red"», suelen utilizar «subvenciones cruzadas» para reducir el precio de un bien o servicio y tienen una «arquitectura nuclear diseñada que rige las posibles interacciones»; véase Srnicek, *Platform Capitalism*, pp. 36-48.

6. Centros comerciales virtuales

1. Citado en John Markoff, «The Media Business; New Coalition to Seek a Public Data Highway», *The New York Times*, 26 de octubre de 1993.

2. Jathan Sadowski, «The Internet of Landlords: Digital Platforms and New Mechanisms of Rentier Capitalism», *Antipode*, vol. 52, n.º 2 (2020), pp. 562-580. Para un análisis anterior de la mercantilización en línea que utiliza la metáfora del centro comercial, véase Jennifer S. Light, «Developing the Virtual Landscape», *Environment and Planning D. Society and Space*, vol. 14 (1996), pp. 127-131.

3. Citado en M. Jeffrey Hardwick, *Mall Maker. Victor Gruen, Architect of an American Dream*, Filadelfia, University of Pennsylvania Press, 2004, p. 133.

4. Victor Gruen y Laurence P. Smith, «Shopping Centers: The New Building Type», *Progressive Architecture*, junio de 1952, pp. 67-109.

5. Sobre la búsqueda de alquileres en los centros comerciales en línea, además de Sadowski, «The Internet of Landlords», véase Paul Langley y Andrew Leyshon, «Platform Capitalism: The Intermediation and Capitalization of Digital Economic Circulation», *Finance and Society*, vol. 3, n.º 1 (2017), pp. 11-31.

6. Steven Levy, *In the Plex. How Google Thinks, Works, and Shapes Our Lives*, Nueva York, Simon and Schuster, 2011, pp. 32-34. El artículo académico era Sergey Brin y Lawrence Page, «The Anatomy of a Large-Scale Hypertextual Web Search Engine», *Computer Networks and ISDN Systems*, n.º 30 (1998), pp. 107-117.

7. IPv4, lanzado en 1981, utiliza un espacio de direcciones de 32 bits que permite aproximadamente 4.300 millones de direcciones. IPv4 se sigue utilizando para enrutar la mayor parte del tráfico de internet a pesar del lanzamiento de IPv6, que utiliza 128 bits y, por tanto, dispone de un número mucho mayor de direcciones.

8. Consideraciones de Travers en *Barbara Denny, Paal Spilling, and Virginia Strazisar Travers*, YouTube, a partir del minuto 23.42. Travers dice: «Recuerdo perfectamente estar allí sentada diciendo: "Bueno, hemos tardado seis meses en conectar los dos últimos [ordenadores], así que ¿vamos a necesitar doscientos dieciséis? No creo que lo vea mientras viva"».

9. Según Internet Live Stats, en 1994 había 25.454.590 usuarios de internet, 44.838.900 en 1995, 77.433.860 en 1996 y 120.758.310 en 1997.

10. Srnicek, *Platform Capitalism*, p. 22

11. Internet Live Stats registra 23.500 páginas web en 1995 y 257.601 en 1996.

12. Véase el relato del motor de búsqueda AltaVista en Levy, *In the Plex*, pp. 24-25.

13. En «The Anatomy of a Large-Scale Hypertextual Web Search Engine», Page y Brin escriben que su investigación fue financiada por la NSF, la DARPA, la NASA, Interval Research y «los socios del Stanford Digital Libraries Project».

14. *Ibid.*, p. 108. El método descrito en el artículo, denominado PageRank, se basa en una técnica conocida como «análisis de citas»; véase Safiya Umoja Noble, *Algorithms of Oppression. How Search Engines Reinforce Racism*, Nueva York, New York University Press, 2018, pp. 38-41.

15. Sergey Brin, entrevistado por Leslie Walker, *The Washington Post*, 4 de noviembre de 1999.

16. Levy sostiene que el ingeniero de Google Amil Patel fue el primero que «se dio cuenta del valor de los registros de Google»; véase *In the Plex*, pp. 45-49. Douglas Edwards lo afirma en *I'm Feeling Lucky. The Confessions of Google Employee Number 59*, Boston, Houghton Mifflin Harcourt, 2011, en el que señala que el primer gran proyecto de Patel en Google consistió en crear «un sistema rudimentario para dar sentido a los registros de las interacciones de los usuarios en nuestra página», aunque, según Edwards, harían falta tres años más de desarrollo antes de llegar a la herramienta de análisis de registros de Google, «Sawmill», que se «activó» en 2003; véase pp. 344-345. Véase también Shoshana Zuboff, *The Age of Surveillance Capitalism. The Fight for a Human Future at the New Frontier of Power*, Nueva York, PublicAffairs, 2019, pp. 67-70. [Hay trad. cast.: *La era del capitalismo de vigilancia. La lucha por un futuro humano frante a las nuevas fronteras del poder*, trad. de Albino Santos Mosquera, Barcelona, Paidós, 2020].

17. Google empezó a vender anuncios en julio de 1999; véase Levy, *In the Plex*, p. 78.

18. *Ibid.*, p. 99.

19. *Ibid.*, p. 83. Cuando en 1998 Page y Brin se reunieron con Jeff Bezos, uno de los primeros inversores de Google, le dijeron que nunca pondrían anuncios en su página; véase *ibid.*, p. 34. El plan de negocio inicial de Google preveía tres fuentes de ingresos: la concesión de licencias de la tecnología de búsqueda a otras páginas, la venta de un dispositivo de hardware que permitiera a otras empresas realizar búsquedas internas y la publicidad. Pero al principio Google esperaba obtener la mayor parte de sus ingresos mediante la concesión de licencias; véase *ibid.*, pp. 77-84.

20. Citado en John Battelle, *The Search. How Google and Its Rivals Rewrote the Rules of Business and Transformed Our Culture*, Boston, Nicholas Brealey Publishing, 2005, p. 93. [Hay trad. cast.: *Buscar. Cómo Google y sus rivales han revolucionado los mercados y transformado nuestra cultura*, trad. de Carlos Ossés, Barcelona, Tendencias, 2006].

21. AdWords apareció originalmente en 2000, pero en 2002 se lanzó una versión mejorada llamada AdWords Select, y el original dejó de utilizarse. AdWords Select utilizaba una puntuación de calidad, así como un mecanismo de subasta; véanse Levy, *In the Plex*, pp. 85-93, y Hwang, *Subprime Attention Crisis*, pp. 36-41. AdWords Select pasó a llamarse AdWords, y ahora se conoce como Google Ads. Curiosamente, Levy afirma que ya existía una puntuación de calidad basada en el porcentaje de clics (CTR) en el AdWords original de 2000, aunque se puede afirmar que la calidad de los anuncios adquirió mayor importancia con la introducción de AdWords Select en 2002; véase *In the Plex*, p. 86.

22. Levy, *In the Plex*, pp. 91-92; Zuboff, *The Age of Surveillance Capitalism*, pp. 82-83; Bernard J. Jansen y Tracy Mullen, «Sponsored Search: An Overview of the Concept, History, and Technology», *International Journal of Electronic Business*, vol. 6, n.º 2 (2008), pp. 120-123; Frederick Vallaeys, «AdWords Quality Score: All You Need to Know from a Former Googler», KlientBoost, <klientboost.com>. Vallaeys explica que cuando llegó a Google en 2002 el orden de visualización de los anuncios se determinaba mediante una fórmula sencilla: la puja multiplicada por el porcentaje de clics (CTR). Alrededor de 2005, la fórmula pasó a ser la puja multiplicada por el CTR previsto, y Google rebautizó esta última medida como «puntuación de calidad de AdWords», que pronto se amplió para incorporar otros factores.

23. Levy, *In the Plex*, pp. 92-93.

24. Zuboff, *The Age of Surveillance*, pp. 63-97.

25. Oscar H. Gandy Jr., *The Panoptic Sort. A Political Economy of Personal Information*, Oxford, Oxford University Press, 2021 (1993).

26. El otro avance importante de Google en este periodo fue el lanzamiento de AdSense en 2003, que amplió el modelo de AdWords a la web en general al permitir que los propietarios de sitios vendieran espacio a los anunciantes y se repartiesen el dinero con Google. Véase Levy, *In the Plex*, pp. 103-108.

27. Shoshana Wodinsky, «It Doesn't Matter Who Owns TikTok», *Gizmodo*, 7 agosto de 2020. Para más información sobre subastas de anuncios, véase Shengwu Li, entrevista en *Logic*, «The Art of Eyeball Harvesting: Shengwu Li on Online Advertising», *Logic*, 1 de enero de 2019. Google ha puesto patas arriba el actual ecosistema de publicidad en la web eliminando la compatibilidad con las cookies de seguimiento de terceros de su popular navegador Chrome e introduciendo una nueva técnica de segmentación de anuncios para 2023; véase Shoshana Wodinsky, «Google's Quest to Kill the Cookie Is Creating a Privacy Shitshow», *Gizmodo*, 11 de junio de 2021. Google ha promovido esta medida como un cambio en favor de la privacidad, pero queda por ver si el nuevo paradigma implicará una vigilancia significativamente menor.

28. Alexandra Bruell, «Amazon Surpasses 10% of U.S. Digital Ad Market Share», *The Wall Street Journal*, 6 de abril de 2021.

29. Tim O'Reilly, «What Is Web 2.0: Design Patterns and Business Models for the Next Generation of Software», 30 de septiembre de 2005. Para un análisis de la Web 2.0 y el auge de las «plataformas», véase Anne Helmond, «The Platformization of the Web: Making Web Data Platform Ready», *Social Media + Society*, vol. 1, n.º 2 (julio de 2015), pp. 1-11. Para la Web 2.0 y el auge de las redes sociales, véase José van Dijck, *The Culture of Connectivity. A Critical History of Social Media*, Oxford, Oxford University Press, 2013. [Hay trad. cast.: *La cultura de la conectividad. Una historia crítica de las redes sociales*, trad. de Hugo Salas, Buenos Aires, Siglo XXI, 2016].

30. Zuboff, *The Age of Surveillance Capitalism*, p. 92.

31. Karen Hao, «How Facebook Got Addicted to Spreading Misinformation», *MIT Technology Review*, 11 de marzo de 2021.

32. Philip E. Agre, «Surveillance and Capture: Two Models of Privacy», *The Information Society*, vol. 10, n.º 2 (1994), pp. 101-127.

33. *Ibid.*, p. 117.

34. Hwang, *Subprime Attention Crisis*, p. 76.

35. Véanse, por ejemplo, Zuboff, *The Age of Surveillance Capitalism*, pp. 293-328, y Shoshana Zuboff, «You Are Now Remotely Controlled», *The New York Times*, 24 de enero de 2020.

36. *Ibid.*, pp. 42-43.

7. Imperios elásticos

1. Fundada en 1998, Kozmo.com era una empresa de comercio electrónico que garantizaba la entrega gratuita de diversos productos a clientes de nueve mercados urbanos en menos de una hora; uno de los productos era el café de Starbucks. Kozmo puso fin a sus operaciones en 2001. Fundada en 1996, Webvan era una empresa de comestibles en línea que hacía entregas a domicilio y que operaba en diez mercados urbanos; quebró en 2001. Por último, Pets.com se fundó en 1998 y vendía artículos para mascotas; cerró en 2000. Los problemas logísticos fueron un tema común en el fracaso de las tres empresas: véanse John C. Wu, «Anatomy of a Dot-Com», *Supply Chain Management Review*, vol. 5, n.º 6 (noviembre-diciembre de 2001), pp. 42-50; William Aspray, George Royer y Melissa G. Ocepek, *Food in the Internet Age*, Nueva York, Springer Publishing, 2013, pp. 25-35; Thornton y Marche, «Sorting through the Dot Bomb Rubble», pp. 121-138.

2. Citado en Brad Stone, *The Everything Store. Jeff Bezos and the Age of Amazon*, Nueva York, Back Bay Books, 2014 (2013), p. 78. [Hay trad. cast.: *La tienda de los sueños. Jeff Bezos y la era de Amazon*, Madrid, Anaya, 2014].

3. *Ibid.*, pp. 100-135.

4. *Ibid.*, p. 100.

5. Patrick M. Reilly, «Barnes & Noble Sues Amazon over Rival's Book-Selling Claims», *The Wall Street Journal*, 13 de mayo de 1997.

6. Stone, *The Everything Store*, pp. 115-116. Amazon ya había ex-

perimentado anteriormente con la venta a terceros a través de Amazon Auctions y zShops, pero ninguna de las dos tuvo éxito.

7. Amazon.com, «Amazon Marketplace a Winner for Customers, Sellers and Industry; New Service Grows over 200 Percent in First Four Months», 19 de marzo de 2001.

8. Stone, *The Everything Store*, p. 134. El primer trimestre rentable de Amazon fue el cuarto de 2001.

9. Kashkooli, «The Making of a Modern Market», pp. 75-82; Stone, *The Everything Store*, pp. 263-265.

10. Kashkooli, «The Making of a Modern Market», p. 75.

11. «Share of paid units sold by third-party sellers on Amazon platform as of 2nd quarter 2021», *Statista*, 11 de agosto de 2021. El punto de inflexión se produjo en el segundo trimestre de 2017, cuando el porcentaje de unidades de pago vendidas por terceros alcanzó el 51 por ciento. En el primer trimestre de 2021, la cuota de terceros fue del 55 por ciento. Para un desglose de los costes asociados a la venta en Amazon véase <sell.amazon.com/pricing.html>.

12. Véase <sell.amazon.com/programs/amazon-lending.html>.

13. Benedict Evans, «Does Amazon Make More from Ads Than AWS?», 14 de marzo de 2021. La cuota de Amazon en el mercado publicitario digital estadounidense creció hasta el 10,3 por ciento en 2020; véase Alexandra Bruell, «Amazon Surpasses 10% of U.S. Digital Ad Market Share», *The Wall Street Journal*, 6 de abril de 2021.

14. Citado en Leo Kelion, «Why Amazon Knows So Much about You», BBC News, 2020.

15. Stone, *The Everything Store*, pp. 193-196.

16. *Ibid.*, p. 133

17. *Ibid.*, p. 204. Véase también Larry Hardesty, «The History of Amazon's Recommendation Algorithm», Amazon, 22 de noviembre de 2019.

18. Lina M. Khan, «Sources of Tech Platform Power», *Georgetown Law Technology Review*, vol. 2, n.º 2 (2018), p. 330. Véase también Dana Mattioli, «Amazon Scooped Up Data from Its Own Sellers to Launch Competing Products», *The Wall Street Journal*, 23 de abril de 2020.

19. Citado en Stone, *The Everything Store*, p. 182.

20. Observaciones de John McCarthy en el MIT Centennial celebrado en 1961, citado en Simson Garfinkel, *Architects of the Infor-*

mation Society. 35 Years of the Laboratory for Computer Science at MIT, Cambridge (Massachusetts), MIT Press, 1999, p. 1.

21. Martin Greenberger, «The Computers of Tomorrow», *The Atlantic*, mayo de 1964, pp. 63-67.

22. El símbolo de la nube ya se utilizaba en 1970 en diagramas técnicos para representar redes telefónicas o informáticas; véase Hu, *A Prehistory of the Cloud*, p. x. Parece que el primer uso de la expresión «computación en nube» en el sentido contemporáneo fue a finales de 1996, en planes de negocio (finalmente abandonados) desarrollados en dos empresas, Compaq y NetCentric; véase Antonio Regalado, «Who Coined "Cloud Computing?"», *MIT Technology Review*, 31 de octubre de 2011. [Hay trad. cast.: «Quién acuñó el término "computación en nube"?», trad. de Lía Moya, *MIT Techonology Review*, 27 de diciembre de 2011, disponible en <www.technologyreview.es/s/2448/quien-acuno-el-termino-computacion-en-nube>].

23. Gareth van Zyl, «Saffer in Silicon Valley, Chris Pinkham, on Being a Top Amazon, Twitter Exec», *BizNews* (Sudáfrica), 10 de julio de 2017; Carl Brooks, «Amazon's Early Efforts at Cloud Computing? Partly Accidental», *TechTarget*, 17 de junio de 2010, y Julie Bort, «Amazon's Game-Changing Cloud Was Built by Some Guys in South Africa», *Business Insider*, 28 de marzo de 2012. Pinkham empezó a trabajar en Amazon en enero de 2001, según consta en LinkedIn.

24. William Forsyth, *History of the Captivity of Napoleon at St. Helena, Volume 2*, Nueva York, Harper and Brothers, 1855, p. 46.

25. Tim James, *Wines of the New South Africa. Tradition and Revolution*, Berkeley, University of California Press, 2013, p. 26.

26. La primera oficina de Amazon en Ciudad del Cabo estaba en el Alphen Office Park. El primer contratado fue Roland Paterson-Jones, y sus comentarios están en Inside Amazon Videos, *Amazon EC2—10 Year Anniversary Celebration*, 8 de diciembre de 2016, YouTube, a partir del minuto 1.14. Además de Pinkham y Brown, el primer equipo de Ciudad del Cabo estaba formado por Paterson-Jones, Willem van Biljon y Quinton Hoole.

27. Van Zyl, «Saffer in Silicon Valley».

28. John Furrier, «Exclusive: The Story of AWS and Andy Jassy's Trillion Dollar Baby», *Medium*, 29 de enero de 2015, y véanse las observaciones de Andy Jassy en la AWS Public Sector Summit 2016.

29. *Ibid.* Véase también Stone, *The Everything Store*, pp. 211-217, sobre los orígenes de AWS.

30. En 2002 Bezos indicó a todos los desarrolladores de Amazon que expusieran sus servicios a través de API internas. Ese fue también el año en que la compañía lanzó su versión inicial de servicios web —entonces llamado Amazon.com Web Services— en beta, lo que dio a los desarrolladores externos la posibilidad de incorporar contenido y características de Amazon en sus páginas web. AWS en su versión madura empezó a cobrar forma en 2003. Andy Jassy afirma que terminó y presentó un documento de visión para AWS en septiembre de 2003, que incluía un esbozo de un servicio de computación. A finales de 2003, Chris Pinkham y otro ingeniero llamado Benjamin Black presentaron otro documento que describía la estandarización de la infraestructura de Amazon e incluía la idea de vender servidores virtuales como servicio. A Bezos le gustó la idea y le pidió a Black que la desarrollara, y este lo hizo en un documento posterior a principios de 2004. Sobre los orígenes de AWS, véanse la diatriba (que se ha retirado) del antiguo trabajador de Amazon Steve Yegge en Google+, disponible en <gist.github.com/chitchcock/1281611>; Jeff Barr, «My First 12 Years at Amazon.com», 19 de agosto de 2014; las críticas de Andy Jassy al libro de Stone *The Everything Store* en Amazon.com; Benjamin Black, «EC2 Origins», 25 de enero de 2009; Jack Clark, «How Amazon Exposed Its Guts: The History of AWS's EC2», *ZDNet*, 7 de junio de 2012; Bharath Kumar Gowru *et al.*, «Cloud Computing Using Amazon Web Services», *International Journal for Modern Trends in Science and Technology*, vol. 3, n.º 1 (febrero de 2017), p. 55; Brandon Butler, «The Myth about How Amazon's Web Service Started Just Won't Die», *NetworkWorld*, 2 de marzo de 2015.

31. Jeff Bezos, entrevistado por Om Malik en la D6 Conference celebrada en Carlsbad, California, en mayo de 2008, citado en Nicholas Carr, «Understanding Amazon Web Services», *Rough Type* (blog), 31 de mayo de 2008.

32. Furrier, «Exclusive: The Story of AWS and Andy Jassy's Trillion Dollar Baby».

33. Observación de Marcin Kowalski en *Amazon EC2—10 Year Anniversary Celebration*, YouTube, a partir del minuto 2.14.

34. Citado en Stone, *The Everything Store*, p. 214.

35. Citado en Brooks, «Amazon's Early Efforts at Cloud Computing? Partly Accidental».

36. Algunas empresas ya usaban la virtualización a mediados de la década de 2000: en 2001 VMware lanzó ESX, su primer «hipervisor» para crear y manejar máquinas virtuales, que empezó a utilizarse en centros de datos.

37. Amazon, «Announcing Amazon Elastic Compute Cloud (Amazon EC2)—beta», 24 de agosto de 2006; Jeff Barr, «Amazon EC2 Beta», *AWS News Blog*, 25 de agosto de 2006. EC2 se lanzó en 2006 con la instancia m1.small, que proporcionaba el equivalente a un procesador Xeon de 1,7 GHz, 1,75 GB de RAM, 160 GB de disco local y 250 Mb/segundo de ancho de banda de red, según *ibid.*

38. Amazon, «Announcing Amazon S3—Simple Storage Service», 13 de marzo de 2006.

39. En el cuarto trimestre de 2020, AWS tenía el 32 por ciento del mercado mundial de servicios de infraestructura en la nube, seguido de Microsoft Azure, con el 20 por ciento, y Google Cloud, con el 9 por ciento, según Felix Richter, «Amazon Leads $130-Billion Cloud Market», *Statista*, 4 de febrero de 2021.

40. En la década de 2010, renacieron las redes neurales con el nombre de «aprendizaje profundo», que implica el uso de redes de muchas capas. Este renacimiento fue posible gracias a varios factores, entre los que destacan los avances en la potencia de cálculo y la abundancia de datos de entrenamiento que podían obtenerse de internet. El aprendizaje profundo es el paradigma en el que se basa gran parte de lo que hoy día se conoce como «inteligencia artificial», y ha contribuido de forma decisiva a avances importantes en la visión por ordenador y el procesamiento del lenguaje natural. Véanse Andrey Kurenkov, «A Brief History of Neural Nets and Deep Learning», *Skynet Today*, 27 de septiembre de 2020, y Alex Hanna *et al.*, «Lines of Sight», *Logic*, 20 de diciembre de 2020.

41. Marion Fourcade y Kieran Healy, «Seeing Like a Market», *Socio-Economic Review*, vol. 15, n.º 1 (2017), pp. 9-29.

42. Pew Research Center, «Mobile Fact Sheet», 7 de abril de 2021. En el mismo periodo, los smartphones proliferaron también en el resto del mundo; en 2019 la tasa de implantación alcanzó algo

más del 40 por ciento de la población mundial, unos 3.200 millones de personas.

43. A. M. Turing, «On Computable Numbers, with an Application to the *Entscheidungsproblem*», *Proceedings of the London Mathematical Society*, vol. 2, n.º 1 (1937), p. 241.

44. Tekla S. Perry, «Does the Repurposing of Sun Microsystems' Slogan Honor History, or Step on It?», *IEEE Spectrum. View from the Valley*, 30 de julio de 2019.

45. Sidney Fussell, «Now Your Groceries See You, Too», *The Atlantic*, 25 de enero de 2019; Lara O'Reilly, «Walgreens Tests Digital Cooler Doors with Cameras to Target You with Ads», *The Wall Street Journal*, 11 de enero de 2019.

46. Lara O'Reilly, «Walgreens Is Expanding Its Digital Cooler Doors Ad Network», *Digiday*, 3 de febrero de 2020.

47. Os Keyes, «The Body Instrumental», *Logic*, 7 de diciembre de 2019.

48. Jennifer Valentino-DeVries *et al.*, «Your Apps Know Where You Were Last Night, and They're Not Keeping It Secret», *The New York Times*, 10 de diciembre de 2018.

49. Dorian Lynskey, «"Alexa, Are You Invading My Privacy?" —The Dark Side of Our Voice Assistants», *The Guardian*, 9 de octubre de 2019; Geoffrey A. Fowler, «Alexa Has Been Eaves Dropping on You This Whole Time», *The Washington Post*, 6 de mayo de 2019; «The Mystery of the Amazon Echo Data», *Privacy International*, 17 de abril de 2019.

50. Observaciones de Cerf en Cerf y Kahn, *30th Anniversary of Internetting with TCP/IP*, YouTube, a partir del minuto 11:30.

51. *Ibid.*, p. 30.

52. Cerf, entrevistado por O'Neill, pp. 29-30.

53. <uber.com/us/en/ride/>.

54. Thi Nguyen, «ETA Phone Home: How Uber Engineers an Efficient Route», Uber Engineering, 3 de noviembre de 2015.

55. Alex Rosenblat y Luke Stark, «Algorithmic Labor and Information Asymmetries: A Case Study of Uber's Drivers», *International Journal of Communication*, n.º 10 (2016), pp. 3.765-3.771; Sarah Mason, «Chasing the Pink», *Logic*, 1 de enero de 2019.

56. *Ibid.* y Alex Rosenblat, *Uberland. How Algorithms Are Rewri-*

ting the Rules of Work, Berkeley, University of California Press, 2018, pp. 138-142. [Hay trad. cast.: *Uberland. Cómo los algoritmos están reescribiendo las reglas del trabajo*, trad. de Virginia Pita, Madrid, Nola, 2021].

57. Veena Dubal, «A Brief History of the Gig», *Logic*, 4 de mayo de 2020.

58. David Weil, *The Fissured Workplace. Why Work Became So Bad for So Many and What Can Be Done to Improve It*, Cambridge (Massachusetts), Harvard University Press, 2014.

59. Joan Greenbaum, *Windows on the Workplace. Technology, Jobs, and the Organization of Office Work*, 2.ª ed., Nueva York, Monthly Review Press, 2004 (1995), pp. 92-94.

60. *Ibid.*, p. 94.

61. Marc Levinson, *The Box. How the Shipping Container Made the World Smaller and the World Economy Bigger*, Princeton, Princeton University Press, 2006.

62. Mueller, *Breaking Things at Work*, p. 119.

63. *Ibid.*, pp. 117-119, y Mary L. Gray y Siddharth Suri, *Ghost Work. How to Stop Silicon Valley from Building a New Global Underclass*, Boston, Houghton Mifflin, 2019.

64. En septiembre de 2021, Uber anunció que podría anunciar su primer beneficio neto en el tercer trimestre de 2021, tras un anuncio similar de Lyft en el trimestre anterior. Sin embargo, estos anuncios tienen más que ver con la contabilidad creativa que con la salud de los negocios subyacentes, ya que los beneficios se calculan según la base ajustada estadounidense, también conocida como «adjusted EBITDA» [siglas de «ganancias antes de intereses, impuestos, depreciación y amortización»], que excluye muchos tipos de pérdidas y gastos. Como señala la periodista Preetika Rana: «Uber y Lyft aún no han obtenido beneficios netos gracias a la solidez de sus operaciones y no han calculado cuándo podrían obtenerlo». Véanse Preetika Rana, «Uber Says First Adjusted Profit Possible this Quarter», *The Wall Street Journal*, 21 de septiembre de 2021, y Tom McKay, «Uber Says It's on Track to Maybe Make a Fake Profit», *Gizmodo*, 21 de septiembre de 2021.

65. Srnicek, *Platform Capitalism*, p. 30.

66. Jeffrey Funk, «Where Have All the Profitable Startups Gone?», *Mind Matters*, 27 de mayo de 2020.

67. Niels van Doorn y Adam Badger, «Platform Capitalism's Hidden Abode: Producing Data Assets in the Gig Economy», *Antipode*, vol. 52, n.º 5 (2020), p. 1.477.

68. Scott Austin, Stephanie Stamm y Rolfe Winkler, «Uber Jackpot: Inside One of the Greatest Startup Investments of All Time», *The Wall Street Journal*, 10 de mayo de 2019.

69. Wilfred Frost y Hugh Son, «Goldman Sachs Dumped Its Entire Stake in Uber Late Last Year», CNBC, 15 de enero de 2020.

70. Eliot Brown, «Uber Co-Founder Travis Kalanick Cuts Stake in Company by More Than 90%», *The Wall Street Journal*, 21 de diciembre de 2019.

71. Para los datos sobre la creciente participación en el PIB de la industria financiera, véase Thomas Philippon, «Has the U.S. Finance Industry Become Less Efficient? On the Theory and Measurement of Financial Intermediation», *American Economic Review*, vol. 105, n.º 4 (2015), pp. 1.408-1.438.

72. Mark Glick y Catherine Ruetschlin, «Big Tech Acquisitions and the Potential Competition Doctrine: The Case of Facebook», Institute for New Economic Thinking Working Paper Series, n.º 104, 2019, pp. 57-60; CB Insights, «The Google Acquisition Tracker», disponible en <cbinsights.com/>.

73. Aaron Benanav, *Automation and the Future of Work*, Londres, Verso, 2020, pp. 31-32 [hay trad. cast.: *La automatización y el futuro del trabajo*, trad. de José María Amoroto, Madrid, Traficantes de Sueños, 2021]; Robert Brenner, *The Economics of Global Turbulence. The Advanced Capitalist Economies from Long Boom to Long Downturn, 1945-2005*, Londres, Verso, 2018 (2006), p. 341.

74. Howard R. Gold, «Never Mind the 1 Percent. Let's Talk about the 0.01 Percent», *Chicago Booth Review*, invierno de 2017.

8. Depredadores inclusivos

1. Jessica Bruder, «Driven to Despair», *New York Magazine*, 14 de mayo de 2018; Ginia Bellafante, «A Driver's Suicide Reveals the Dark Side of the Gig Economy», *The New York Times*, 6 de febrero de 2018.

2. Los artículos de Schifter están disponibles en <drivingguild.org/doug-schifter-black-car-news-column-archive/>.

3. La carta de suicidio de Schifter está disponible en <imgur.com/gallery/M24BM>. La original ha sido borrada de Facebook.

4. Dubal, «A Brief History of the Gig».

5. Carta de suicidio de Schifter, *op. cit.*

6. Dubal, «A Brief History of the Gig».

7. Carta de suicidio de Schifter, *op. cit.*

8. Varios estudios han demostrado que los conductores bajo demanda ganan por debajo del salario mínimo en sus economías locales. Un estudio de 2018 reveló que «el salario por hora equivalente al salario mínimo interprofesional (W-2) es inferior al salario mínimo obligatorio en la mayoría de los principales mercados urbanos de Uber (trece de los veinte principales mercados, que incluyen dieciocho ciudades, un condado y un estado)»; véase Lawrence Mishel, «Uber and the Labor Market», Economic Policy Institute, 15 de mayo de 2018. Un estudio de 2020 elaborado para la ciudad de Seattle concluyó que los conductores ganaban por debajo del salario mínimo en Seattle; véase James A. Parrott y Michael Reich, «A Minimum Compensation Standard for Seattle TNC Drivers», Center for New York City Affairs at The New School, julio de 2020. Un estudio de 2018 llevado a cabo por el mismo equipo reveló que los conductores también estaban en la misma situación en la ciudad de Nueva York: James A. Parrott y Michael Reich, «An Earnings Standard for New York City's App-Based Drivers», Center for New York City Affairs at The New School, julio de 2018. En diciembre de ese mismo año, se aprobó una ley para garantizar que los conductores bajo demanda de la ciudad de Nueva York ganasen un salario mínimo de 17,22 dólares la hora netos. Por último, un estudio de 2020 concluyó que los conductores de San Francisco ganaban menos del salario mínimo: Chris Benner *et al.*, «On-Demand and On-the-Edge: Ride-hailing and Delivery Workers in San Francisco», UC Santa Cruz Institute for Social Transformation, 20 de mayo de 2020.

9. Katie J. Wells, Kafui Attoh y Declan Cullen, «The Uber Workplace in DC», Georgetown University Kalmanovitz Initiative for Labor and the Working Poor, abril de 2019.

10. Alexis Madrigal y sus colegas de *The Atlantic* elaboraron

una hoja de cálculo con 105 empresas que siguen el modelo de Uber.

11. Josh Eidelson, «The Gig Economy Is Coming for Millions of American Jobs», *Bloomberg Businessweek*, 17 de febrero de 2021, y Kate Conger, «Gig Companies Want Massachusetts Voters to Exempt Workers from Employee Status», *The New York Times*, 4 de agosto de 2021.

12. Kate Conger y Kellen Browning, «A Judge Declared California's Gig Worker Law Unconstitutional. Now What?», *The New York Times*, 23 de agosto de 2021.

13. Shawn Carolan, «What Proposition 22 Now Makes Possible», *The Information*, 10 de noviembre de 2020.

14. Eidelson, «The Gig Economy Is Coming».

15. Carta de suicidio de Schifter, *op. cit.*

16. Según el directorio de agencias de empleo OnContracting, los trabajadores eventuales representan entre el 40 y el 50 por ciento de la mano de obra de la mayoría de las empresas tecnológicas; véase Daisuke Wakabayashi, «Google's Shadow Work Force: Temps Who Outnumber Full-Time Employees», *The New York Times*, 18 de mayo de 2019. Google depende especialmente del trabajo eventual; la empresa tiene más trabajadores temporales, vendedores y contratistas que empleados a tiempo completo.

17. Gray y Suri, *Ghost Work*.

18. Un estudio de 2016 desveló que los ingresos medios de los empleados directos de Silicon Valley eran de 113.300 dólares, mientras que los trabajadores administrativos subcontratados ganaban 53.200 dólares y los trabajadores operarios subcontratados, 19.900 dólares. El mismo estudio reveló que los trabajadores subcontratados reciben pocas prestaciones; el 31 por ciento de los operarios subcontratados no tenía ningún tipo de seguro médico. Véase Silicon Valley Rising, «Tech's Invisible Workforce», marzo de 2016.

19. Sarah T. Roberts, *Behind the Screen. Content Moderation in the Shadows of Social Media*, New Haven (Connecticut), Yale University Press, 2019.

20. Tressie McMillan Cottom, «Where Platform Capitalism and Racial Capitalism Meet: The Sociology of Race and Racism in the Digital Society», *Sociology of Race and Ethnicity*, vol. 6, n.º 4 (2020), pp. 441-449.

21. A menudo, la inclusión de los excluidos es un punto que destacan las propias firmas tecnológicas. Por ejemplo, Sama, una empresa que recluta trabajadores para la anotación de datos en los barrios marginales del Sur global, presenta su negocio en términos humanitarios; véase Mueller, *Breaking Things at Work*, pp. 118-119. Los materiales de la campaña para la Proposición 22 tenían un tono similar y apoyaban el discurso de que las empresas bajo demanda ofrecen oportunidades para ganar dinero a los trabajadores negros y latinos; véase Levi Sumagaysay, «Race Has Played a Large Role in Uber and Lyft's Fight to Preserve Their Business Models», *MarketWatch*, 19 de octubre de 2020.

22. Noble, *Algorithms of Oppression*, p. 17.

23. Lisa Nakamura, *Cybertypes. Race, Ethnicity, and Identity on the Internet*, Nueva York, Routledge, 2002, pp. 13, 87-99 y 106-107.

24. Barlow, «A Declaration of the Independence of Cyberspace».

25. Charlton McIlwain, *Black Software. The Internet and Racial Justice, From the Afronet to Black Lives Matter*, Oxford, Oxford University Press, 2020, p. 96. Véase *ibid.*, pp. 95-97, sobre el racismo en Usenet. También está el sonado caso analizado por el periodista Julian Dibbell en su artículo «A Rape in Cyberspace», publicado inicialmente en el *Village Voice*, en diciembre de 1993, e incluido, tras ser revisado, en *My Tiny Life. Crime and Passion in a Virtual World*, Nueva York, Henry Holt and Company, 1998.

26. Citado en Jessie Daniels, *Cyber Racism: White Supremacy Online and the New Attack on Civil Rights*, Lanham (Maryland), Rowman & Littlefield, 2009, p. 3. El libro de Daniels analiza en profundidad el auge del supremacismo blanco en internet.

27. Nakamura, *Cybertypes*, pp. 15 y 18.

28. Google no revela el funcionamiento interno de sus algoritmos de búsqueda, pero publica orientaciones sobre SEO para los propietarios de sitios web; véase <developers.google.com/search/docs>.

29. Noble se dio cuenta del cambio después de publicar un artículo sobre su experiencia en la revista *Bitch* en 2012; véase Noble, *Algorithms of Oppression*, p. 181.

30. *Ibid.*, pp. 82-83. Desde junio de 2021, si se busca en Google «peinados poco profesionales para el trabajo», se muestran varios

artículos sobre resultados de búsqueda racistas, entre ellos los de *The Guardian* y *The Telegraph*.

31. Sobre el tema del «aumento de la visibilidad», véase el análisis de Noble de la hipervisibilidad algorítmica en Noble, «Google Search: Hyper-visibility as a Means of Rendering Black Women and Girls Invisible», *In Visible Culture*, n.º 19 (octubre de 2013).

32. Barbara J. Fields, «Slavery, Race, and Ideology in the United States of America», en Barbara J. Fields y Karen E. Fields, *Racecraft. The Soul of Inequality in American Life*, Londres, Verso, 2014 (2012), p. 137.

33. Tracy Jan y Elizabeth Dwoskin, «HUD Is Reviewing Twitter's and Google's Ad Practices as Part of Housing Discrimination Probe», *The Washington Post*, 28 de marzo de 2019; American Civil Liberties Union, «Facebook Agrees to Sweeping Reforms to Curb Discriminatory Ad Practices», 19 de marzo de 2019.

34. Ava Kofman y Ariana Tobin, «Facebook Ads Can Still Discriminate against Women and Older Workers, despite a Civil Rights Settlement», ProPublica, 13 de diciembre de 2019.

35. Muhammad Ali *et al.*, «Discrimination through Optimization: How Facebook's Ad Delivery Can Lead to Biased Outcomes», *Proceedings of the ACM on Human-Computer Interaction*, vol. 3, n.º CSCW (noviembre de 2019), pp. 1-30. Véase también Basileal Imana, Aleksandra Korolova y John Heidemann, «Auditing for Discrimination in Algorithms Delivering Job Ads», *Proceedings of the Web Conference 2021*, Nueva York, ACM, 2021, pp. 3.767-3.778. Hay asimismo pruebas de que en Facebook los anunciantes todavía pueden segmentar los anuncios de productos financieros para mostrárselos a ciertos grupos de edad; véase Corin Faife y Alfred Ng, «Credit Cards Ads Were Targeted by Age, Violating Facebook's Anti-discrimination Policy», *The Markup*, 29 de abril de 2021.

36. Noble, *Algorithms of Oppression*, p. 111. El Southern Poverty Law Center califica al Consejo de Ciudadanos Conservadores de grupo de odio nacionalista y supremacista blanco.

37. «La primera página a la que accedí fue el Consejo de Ciudadanos Conservadores», escribe Roof en su manifiesto, a pesar de que no se sepa con exactitud en qué puesto de los resultados de búsqueda aparecía la página del CCC. Véase Rebecca Hersher, «What Happened

When Dylann Roof Asked Google for Information about Race» NPR, 10 de enero de 2017.

38. Corey Robin, *The Reactionary Mind*, Oxford, Oxford University Press, 2011, p. 43. [Hay trad. cast.: *La mente reaccionaria*, trad. de Daniel Gascón, Madrid, Capitán Swing, 2019].

39. Jessie Daniels, «The Algorithmic Rise of the "Alt-Right"», *Contexts*, vol. 17, n.° 1 (2018), p. 63.

40. Levi Boxell, Matthew Gentzkow y Jesse M. Shapiro, «Greater Internet Use Is Not Associated with Faster Growth in Political Polarization among US Demographic Groups», *Proceedings of the National Academy of Sciences*, vol. 114, n.° 40 (3 de octubre de 2017), p. 10.616. Véanse también Levi Boxell, Matthew Gentzkow y Jesse M. Shapiro, «Cross-Country Trends in Affective Polarization», National Bureau of Economic Research, 2020, y Yochai Benkler, Robert Faris y Hal Roberts, *Network Propaganda. Manipulation, Disinformation, and Radicalization in American Politics*, Oxford, Oxford University Press, 2018, pp. 296-339.

41. El periodista Kevin Roose recopila todos los días las diez publicaciones con enlace que tienen más éxito en las páginas públicas estadounidenses de Facebook y las publica en Twitter, en <twitter.com/FacebooksTop10>. En parte para rebatir el trabajo de Roose, Facebook empezó en agosto de 2021 a publicar un informe trimestral sobre los «contenidos más vistos», que dice proporcionar una visión más amplia, dado que las publicaciones con enlace son un porcentaje relativamente reducido del contenido al que tienen acceso los usuarios de Facebook. No obstante, periodistas e investigadores critican estos informes por su falta de transparencia, y, dado el largo historial que tiene la empresa de engaños al público, es probable que la información se presente cuidadosamente para favorecer su imagen. Véanse Will Oremus, «Facebook Shared New Data about What's Popular on Its Platform. The Answers Are Deeply Weird», *The Washington Post*, 18 de agosto de 2021, y Shoshana Wodinsky, «Facebook's "Widely Viewed Content" Report Promises Ben Shapiro Isn't That Popular», *Gizmodo*, 18 de agosto de 2021.

42. Laura Edelson *et al.*, «Far-Right News Sources on Facebook More Engaging», Cybersecurity for Democracy, 3 de marzo de 2021.

43. Benkler, Faris y Roberts, *Network Propaganda*, pp. 235-268,

y Yochai Benkler, «Cautionary Notes on Disinformation and the Origins of Distrust», *MediaWell*, 22 de octubre de 2019.

44. Yochai Benkler, «The Danger of Overstating the Impact of Information Operations», *Lawfare*, 23 de octubre de 2020.

45. Benkler, Faris y Roberts, *Network Propaganda*, pp. 75-99.

46. Amy Watson, «Top Cable News Networks U.S. 2021, by Number of Viewers», *Statista*, 7 de junio de 2021; Benedict Nicholson, «These Were the Top Publishers on Facebook in November 2020», *NewsWhip*, 9 de diciembre de 2020.

47. Alice Marwick y Rebecca Lewis, «Media Manipulation and Disinformation Online», Data & Society Research Institute, 15 de mayo de 2017.

48. Peter M. Dahlgren, «A Critical Review of Filter Bubbles and a Comparison with Selective Exposure», *Nordicom Review*, vol. 42, n.° 1 (2021), pp. 15-33; Axel Bruns, «Filter Bubble», *Internet Policy Review*, vol. 8, n.° 4 (2019).

49. P. M. Krafft y Joan Donovan, «Disinformation by Design: The Use of Evidence Collages and Platform Filtering in a Media Manipulation Campaign», *Political Communication*, vol. 37, n.° 2 (2020), p. 195.

50. *Ibid.*, p. 196.

51. Hao, «How Facebook Got Addicted to Spreading Misinformation». En algunas partes del mundo, el algoritmo ha favorecido contenidos provocativos que han contribuido a que se cometieran atrocidades. Por ejemplo, en Myanmar, la propaganda que difundieron en Facebook los extremistas etnonacionalistas alentó una violencia genocida contra la minoría de los musulmanes rohinyás. Véase el informe de 2018 de la Misión Internacional Independiente de Investigación sobre Myanmar del Consejo de Derechos Humanos de Naciones Unidas.

52. El anuncio que Zuckerberg hizo en enero de 2018 de que Facebook empezaría a priorizar el «tiempo bien empleado» está disponible en <facebook.com/zuck/posts/10104413015393571>. Para un análisis sobre el «tiempo bien empleado» como nueva estrategia de la monetización de la atención, véase Ben Tarnoff y Moira Weigel, «Why Silicon Valley Can't Fix Itself», *The Guardian*, 3 de mayo de 2018. Según los documentos internos de Facebook que analizó

The Wall Street Journal, el cambio de algoritmo de 2018 inspirado en la estrategia del «tiempo bien empleado» en realidad aumentó la cantidad de contenido sensacionalista en la página; véase Hagey y Jeff Horwitz, «Facebook Tried to Make Its Platform a Healthier Place. It Got Angrier Instead», *The Wall Street Journal*, 15 de septiembre de 2021. En 2020 Facebook tenía quince mil moderadores de contenido trabajando para la empresa, la gran mayoría de ellos subcontratados; en 2016 solo tenía cuatro mil quinientos. Véase Paul M. Barrett, «Who Moderates the Social Media Giants? A Call to End Outsourcing», NYU Stern Center for Business and Human Rights, junio de 2020, pp. 4 y 8. El mismo informe expone que durante la pandemia del COVID-19 Facebook empezó a utilizar más sistemas automatizados para la moderación de contenido.

53. Rebecca Lewis, *Alternative Influence. Broadcasting the Reactionary Right on YouTube*, Data & Society Research Institute, 18 de septiembre de 2018.

54. Félix Guattari, «The Three Ecologies», trad. de Chris Turner, *New Formations*, n.º 8 (verano de 1989), pp. 131-147. [Hay trad. cast.: *Las tres ecologías*, trad. de José Vásquez Pérez y Umbelina Larraceleta, Valencia, Pre-Textos, 1990].

55. Craig Silverman, Ryan Mac y Jane Lytvynenko, «Facebook Knows It Was Used to Help Incite the Capitol Insurrection», *BuzzFeed News*, 22 de abril de 2021; Ryan Mac, Craig Silverman y Jane Lytvynenko, «Facebook Stopped Employees from Reading an Internal Report about Its Role in the Insurrection. You Can Read It Here», *BuzzFeed News*, 26 de abril de 2021.

56. Matt Stoller estima que Facebook ganó casi tres mil millones de dólares con QAnon en 2020, basándose en un cálculo aproximado del número de usuarios simpatizantes de QAnon; véase Matt Stoller, «Facebook Made Up to $2.9 billion from QAnon in 2020», 22 de marzo de 2021. QAnon sigue activo en Facebook, según un informe de la organización estadounidense sin ánimo de lucro Avaaz: «Facebook: From Election to Insurrection», 18 de marzo de 2021.

57. Nick Clegg, «You and the Algorithm: It Takes Two to Tango», 31 de marzo de 2021.

58. Natasha Bertrand y Daniel Lippman, «Inside Mark Zuckerberg's Private Meetings with Conservative Pundits», *Politico*, 14 de

octubre de 2019; Craig Timberg, «How Conservatives Learned to Wield Power inside Facebook», *The Washington Post*, 20 de febrero de 2020; Elizabeth Dwoskin, Craig Timberg y Tony Romm, «Zuckerberg Once Wanted to Sanction Trump. Then Facebook Wrote Rules That Accommodated Him», *The Washington Post*, 28 de junio de 2020.

59. Hao, «How Facebook Got Addicted to Spreading Misinformation»; Deepa Seetharaman, «Facebook's Lonely Conservative Takes on a Power Position», *The Wall Street Journal*, 23 de diciembre de 2018; Jeff Horwitz y Deepa Seetharaman, «Facebook Executives Shut Down Efforts to Make the Site Less Divisive», *The Wall Street Journal*, 26 de mayo de 2020.

9. Hacia el bosque

1. Rana Foroohar, «Year in a Word: Techlash», *Financial Times*, 16 de diciembre de 2018.

2. El *Financial Times* añadió *techlash* a su lista de palabras más importantes del año 2018; también fue finalista a palabra del año 2018 del *Oxford Dictionary*. Google Trends, una herramienta que muestra la popularidad de los términos consultados en su página a lo largo del tiempo, confirma que la palabra se puso de moda por primera vez en 2018.

3. Carroll Doherty y Jocelyn Kiley, «Americans Have Become Much Less Positive about Tech Companies' Impact on the U.S.», Pew Research Center, 29 de julio de 2019.

4. Martin Gilens y Benjamin I. Page, «Testing Theories of American Politics: Elites, Interest Groups, and Average Citizens», *Perspectives on Politics*, vol. 12, n.º 3 (2014), pp. 564-581. La investigación de Gilens y Page concluyó que «las élites económicas y los grupos organizados que representan intereses empresariales tienen un impacto sustancial en la política gubernamental estadounidense, mientras que el ciudadano medio y los grupos de interés de masas tienen poca o ninguna influencia».

5. La descripción que hago de los neobrandeisianos en este capítulo se basa en Lina Khan, «The New Brandeis Movement: America's

Antimonopoly Debate», *Journal of European Competition Law and Practice*, vol. 9, n.º 3 (2018), pp. 131-132; Tim Wu, *The Curse of Bigness. Antitrust in the New Gilded Age*, Nueva York, Columbia Global Reports, 2018, y Barry Lynn, *Cornered. The New Monopoly Capitalism and the Economics of Destruction*, Nueva York, Wiley, 2009. Véase también Tim Wu, «The Utah Statement: Reviving Antimonopoly Traditions for the Era of Big Tech», *OneZero*, 18 de noviembre de 2019.

6. Barry Lynn y Matt Stoller, «Facebook Must Be Restructured. The FTC Should Take These Nine Steps Now», *The Guardian*, 22 de marzo de 2018. Las demandas antimonopolio presentadas por la Comisión Federal de Comercio y cuarenta y ocho fiscales generales estatales en diciembre de 2020 —y desestimadas por un juez federal en junio de 2021— también exigían esa medida.

7. Subcomité Judicial de la Cámara de Estados Unidos sobre Derecho Antimonopolio, Comercial y Administrativo, «Investigation of Competition in Digital Markets», 6 de octubre de 2020.

8. Departmento de Justicia, «Justice Department Sues Monopolist Google for Violating Antitrust Laws», 20 de octubre de 2020.

9. «Executive Order on Promoting Competition in the American Economy», 9 de julio de 2021. La demanda antimonopolio de la Comisión Federal de Comercio fue desestimada por un tribunal federal el 28 de junio de 2021; la agencia volvió a presentar la demanda en agosto de 2021.

10. Khan, «The New Brandeis Movement», p. 132.

11. Nick Srnicek, «The Only Way to Rein In Big Tech Is to Treat Them as a Public Service», *The Guardian*, 23 de abril de 2019.

12. *The Ezra Klein Show*, «Facebook Is a Capitalism Problem, Not a Mark Zuckerberg Problem», *Vox. Recode*, 10 de mayo de 2019.

13. Deepa Seetharaman, «Facebook Throws More Money at Wiping Out Hate Speech and Bad Actors», *The Wall Street Journal*, 15 de mayo de 2018.

14. En mayo de 2021, Zuckerberg controlaba alrededor del 58 por ciento de las acciones con derecho a voto de Facebook; véase Naomi Nix, «Facebook Board Rejects Proposals to Curb Zuckerberg's Power», *Bloomberg*, 26 de mayo de 2021. Los cambios de los últimos años en el consejo de administración también han consolidado el poder de Zuckerberg en la empresa; véase Deepa Seetharaman y

Emily Glazer, «Mark Zuckerberg Asserts Control of Facebook, Pushing Aside Dissenters», *The Wall Street Journal*, 28 de abril de 2020.

15. Angela Davis, entrevistada por Amy Goodman, *Democracy Now!*, 3 de julio de 2020, transcripción disponible en <democracy now.org>.

16. Angela Davis, *Are Prisons Obsolete?*, Nueva York, Seven Stories Press, 2003, pp. 106-108. [Hay trad. cast.: «¿Están las prisiones obsoletas?», en *Democracia de la abolición. Prisiones, racismo y violencia*, trad. de Irene Fortea, Madrid, Trotta, 2016].

17. Sarah T. Hamid, entrevistada en *Logic*, «Community Defense: Sarah T. Hamid on Abolishing Carceral Technologies», *Logic*, 31 de agosto de 2020.

18. Ruha Benjamin, *Race After Technology*, Cambridge, Polity, 2019, p. 168.

19. Ethan Zuckerman, «What Is Digital Public Infrastructure?», Center for Journalism and Liberty, 17 de noviembre de 2020.

20. *Ibid.*

21. «Internet descentralizado» es una expresión muy amplia e incluye muchos proyectos de escaso valor social. Para saber más sobre las ideas que guían las corrientes progresistas de la comunidad, véase los «DWeb Principles» en <getdweb.net>.

22. Darius Kazemi, entrevistado en *Logic*, «Party at My House: Darius Kazemi on Human-Scaled Social Media», *Logic*, 4 de mayo de 2020.

23. Noble, *Algorithms of Oppression*, p. 16. Para los datos sobre la disminución de la financiación de las bibliotecas públicas, véase Institute of Museum and Library Services, *Public Libraries in the United States. Fiscal Year 2017*, vol. 1, Washington D. C., IMLS, 2020.

24. Joan Donovan, «Hire 10,000 Librarians for the Internet», en Julia Carrie Wong, «Banning Trump Won't Fix Social Media: 10 Ideas to Rebuild Our Broken Internet—by Experts», *The Guardian*, 16 de enero de 2021.

25. Victor Pickard, *Democracy without Journalism? Confronting the Misinformation Society*, Oxford, Oxford University Press, 2019, p. 11. La muerte de la Doctrina de la Imparcialidad a manos de la administración Reagan en 1987 demostró ser una medida desreguladora especialmente útil para los medios de comunicación de derechas; véase

Kevin M. Kruse y Julian Zelizer, «How Policy Decisions Spawned Today's Hyperpolarized Media», *The Washington Post*, 17 de enero de 2019.

26. Alex Pareene, «Liberals Are Losing the Journalism Wars», *New Republic*, 21 de octubre de 2020.

27. Pickard, *Democracy without Journalism?*, pp. 156 y 157.

28. *Ibid.*, pp. 159-160.

29. Lindsay Bartkowski, «Caring for the Internet: Content Moderators and the Maintenance of Empire», *Journal of Working-Class Studies*, vol. 4, n.º 1 (junio de 2019), pp. 66-78.

30. *Ibid.*, p. 67.

31. Adi Robertson, «How the Biggest Decentralized Social Network Is Dealing with Its Nazi Problem», *The Verge*, 12 de julio de 2019.

32. Mike Masnick, «Protocols, Not Platforms: A Technological Approach to Free Speech», Knight First Amendment Institute, 21 de agosto de 2019.

33. Nick Srnicek, «The Only Way to Rein In Big Tech Is to Treat Them as a Public Service», *The Guardian*, 23 de abril de 2019.

34. Michaela Haas, «"When Someone Hires Me, They Get the Boss Herself"», *The New York Times*, 7 de julio de 2020; Ilana Novick, «Cleaning Workers Are Fighting for Better Pay and Benefits», *Vice*, 8 de agosto de 2018; Eillie Anzilotti, «Up and Go Is a Worker-Owned Alternative to On-Demand Home Cleaning Services», *Fast Company*, 16 de mayo de 2017.

35. Marve Romero, entrevistada por Ana Ulin, «Issue 9: Tech Work under the Pandemic—Cleaner and App Co-Owner», *TWC Newsletter*, 1 de abril de 2021.

36. El «Directorio de plataformas cooperativas», que elabora el Consorcio de Plataformas Cooperativas, recoge 504 proyectos en treinta y tres países; véase <directory.platform.coop/>. Para más información sobre el cooperativismo de plataformas, véanse Trebor Scholz y Nathan Schneider, eds., *Ours to Hack and Own. The Rise of Platform Cooperativism, a New Vision for the Future of Work and a Fairer Internet*, Nueva York, OR Books, 2016; Nathan Schneider, *Everything for Everyone. The Radical Tradition That Is Shaping the Next Economy*, Nueva York, PublicAffairs, 2018.

37. Seth Ackerman, «How to Socialize Uber», *Jacobin*, 7 de abril de 2015. Ackerman cita varios precedentes de estas restricciones: «Muchos estados prohíben que las empresas se dediquen a ciertos tipos de agricultura; también prohíben que las empresas lleven a cabo ciertos tipos de juegos de azar y negocios de asesoramiento crediticio, y existen restricciones federales a la propiedad extranjera en un amplio abanico de sectores».

38. Prashant S. Rao y Mike Isaac, «Uber Loses License to Operate in London», *The New York Times*, 22 de septiembre de 2017.

39. «New Economics Foundation Calls for "Khan's Cars," as Mutually Owned Alternative to Uber», New Economics Foundation, 22 de septiembre de 2017.

40. Salomé Viljoen, «Democratic Data: A Relational Theory for Data Governance», 2020.

41. *Ibid.*, p. 54.

42. Evan Malmgren, «Socialized Media», *The Baffler*, 19 de septiembre de 2018.

43. Michael Rustin, «Lessons of the London Industrial Strategy», *New Left Review*, n.° 155 (enero-febrero de 1986), pp. 75-84.

44. La exposición que hago sobre las Redes Tecnológicas en este capítulo se basa en Adrian Smith, «Technology Networks for Socially Useful Production», *Journal of Peer Production*, n.° 5 (2014), pp. 1-9, y Greater London Enterprise Board, *Technology Networks. Science and Technology Serving London's Needs*, Londres, GLEB, 1984, disponible en <grassrootsinnovations.files.wordpress.com/2014/04/gleb-1984-technology-networks.pdf>.

45. Citado en Smith, «Technology Networks for Socially Useful Production», p. 3.

46. «Design Justice Network Principles», disponible en <designjustice.org/read-the-principles>.

47. Sasha Costanza-Chock, *Design Justice. Community-Led Practices to Build the Worlds We Need*, Cambridge (Massachusetts), MIT Press, 2020, p. 93.

48. Cory Doctorow, «Adversarial Interoperability: Reviving an Elegant Weapon from a More Civilized Age to Slay Today's Monopolies», Electronic Frontier Foundation, 7 de junio de 2019; Cory Doctorow, «Adversarial Interoperability», Electronic Frontier

Foundation, 2 de octubre de 2019. Algunas propuestas legislativas que obligarían a las empresas de medios sociales a aplicar cierto grado de interoperabilidad son la Ley ACCESS de 2019 (S. 2658) y la Ley ACCESS de 2021 (H.R. 3849).

49. Smith, «Technology Networks for Socially Useful Production», p. 5.

Conclusión. Nostalgia del futuro

1. Eric S. Raymond y Guy L. Steele, eds., *The New Hacker's Dictionary*, 3.ª ed., Cambridge (Massachusetts), MIT Press, 1996 (1983), p. 254.

2. Jonathan Zittrain, «The Internet Is Closing to Innovation», *Newsweek*, 28 de noviembre de 2008.

3. Virginia Heffernan, «The Death of the Open Web», *The New York Times*, 21 de mayo de 2010. Para más información sobre este tema, véase también Dries Buytaert, «Can We Save the Open Web?», página web del autor, 16 de marzo de 2016.

4. Anja Bechmann, «Internet Profiling: The Economy of Data Interoperability on Facebook and Google», *MedieKultur. Journal of Media and Communication Research*, vol. 29, n.º 55 (2013), p. 75. Véase también Helmond, «The Platformization of the Web», y David B. Nieborg y Anne Helmond, «The Political Economy of Facebook's Platformization in the Mobile Ecosystem: Facebook Messenger as a Platform Instance», *Media, Culture and Society*, vol. 41, n.º 2 (2019), pp. 196-218.

5. André Brock Jr., *Distributed Blackness. African American Cybercultures*, Nueva York, New York University Press, 2020, pp. 79-124.

6. E. P. Thompson, *The Making of the English Working Class,* Nueva York: Vintage Books, 1966 (1963), p. 552. [Hay trad. cast.: *La formación de la clase obrera en Inglaterra*, Madrid, Capitán Swing, 2012].

7. Para literatura ludita, véase Kevin Binfield, ed., *Writings of the Luddites*, Baltimore, Johns Hopkins University Press, 2004.

Índice alfabético

Agencia de Proyectos de Investigación de Defensa Avanzados (DARPA):
  ARPANET, red de, 25-26, 27, 29, 126
  dominio técnico de, 32
  estudio de correo electrónico, 93
  y la conexión de las redes, 28, 126
  y la inversión en computación, 25, 102-103
  y la movilidad de internet, 125, 126
Amazon:
  Amazon Web Services (AWS), 120, 121, 174
  Andy Jassy, director ejecutivo de, 118
  como centro comercial virtual, 111, 114-115, 118, 126, 130, 140
  como librería virtual, 85, 111, 112
  investigación sobre, 161-162
  Marketplace, 113-115
  oficina en Ciudad del Cabo, 117, 118-120
  Omidyar como fundador, 111
  y el «altavoz inteligente», 124
  y el capital riesgo, 131
  y el comercio virtual, 85, 111-115, 120, 121, 135
  y el tráfico de internet, 45, 113-115
  y Elastic Compute Cloud (EC2), 118-120
  y grandes cantidades de datos, 114, 127
  y la burbuja de las puntocoms, 112, 118
  y la nube, 117, 118-121
  y las plataformas, 16, 111
  y los cables submarinos de fibra óptica, 11, 46
Apple, 45, 161
AT&T, 25-26, 41, 42, 74

Barlow, John Perry, 12, 145, 150
Bartkowski, Lindsay, 173
Berners-Lee, Tim, 32-33, 93
Bezos, Jeff, 85, 112, 114, 117, 118, 119
Biden, Joseph, 44, 162
Brandeis, Louis, 161, 155, *véase también* neobrandeisianos
Brin, Sergey, 101, 102, 104
Brown, Chris, 117
Bush, George W., 44

capitalismo:
  en Estados Unidos, 136
  Karl Marx sobre, 91
  mercados competitivos, 78, 115, 187
  y el capital riesgo, 130-133

y el capitalismo de vigilancia, 105, 107, 109
y el carbón como combustible, 101
y el movimiento ludita, 185
y la acumulación, 52, 157, 165, 188
y la subsunción del trabajo, 91, 97
véanse también Bezos, Jeff; *La era del capitalismo de vigilancia* (Zuboff)
CenturyLink, 74
Cerf, Vinton, 28, 36, 125
Chattanooga (Tennessee), 55, 62, 65, 70
Clinton, Bill, 34, 36, 37, 38-39
Comcast:
demandas, 63
impuestos, 75
valor de, 81
y el ánimo de lucro, 138
y el enriquecimiento de los directores ejecutivos y los accionistas, 47
y el fin de la neutralidad virtual, 45
y el internet de banda ancha, 42, 45, 68
y la administración estadounidense, 67
y la división digital, 74
y los vecinos de Washington D. C., 65
Comisión Federal de Comunicaciones (FCC), 43, 44, 58, 64, 74
Consejo Eléctrico (EPB), 55, 56
Cottom, Tressie McMillan, 143

Davis, Angela, 166, 167
democracia:
e internet, 169
importancia de los recursos para la, 51, 52
los monopolios como amenaza a la, 161
y el autogobierno, 49-52
y el *homo politicus*, 78
y el neoliberalismo de Clinton, 43
y la propiedad colectiva de la economía, 68
y un gobierno inclusivo, 80-81
Dewey, John, 50, 51
Donovan, Joan, 153, 171
Duke, David, 145, 150

eBay:
como AuctionWeb, 87, 93, 95
en el Nasdaq, 101
los efectos de red, 95
Meg Whitman, directora ejecutiva de, 112
participación de los usuarios, 92, 95, 107
y el comercio virtual, 88, 90, 93-97, 100, 111
y la comunidad como mercado, 93-97
Estación Satelital Terrestre de Goonhilly, 22
Estados Unidos:
administración Roosevelt, 55, 57
bibliotecas públicas, 170, 171, 172
contratistas independientes, 128, 129, 142, 143
Dakota del Norte, 58, 62
Departamento de Justicia, 161
Detroit, 59, 60, 62, 74
e internet, 14, 28-29, 34-35, 41, 71, 74, 139, 150, 159-162
economía, 132-133, 135-136
elecciones de 2016, 152, 159
esfera mediática, 172
Ley de Espionaje de 1917, 80
racismo, 69, 164
servicio postal, 37-38, 80
toma del Capitolio, 156
y dinero para los proveedores comerciales, 74

y el Acuerdo para el Comercio Electrónico Global, 39, 46-47
y el Bloomberg U. S. Internet Index, 90
y el Departamento de Vivienda y Desarrollo Urbano, 148
y la Autoridad del Valle del Tennessee, 55, 57
y la desregulación de las empresas de telecomunicaciones, 36-37
y la Estación Terrestre de Etam (Virginia Occidental), 22
y la Guerra Fría, 24, 34-35
y la red eléctrica nacional, 71
y las propuestas de ley para reforzar las normas antimonopolio, 161-162
y los abolicionistas de la prisión y de la policía, 167
y Marina del Rey (California), 22
y Virginia Beach, 12
véanse también Chattanooga (Tennessee); Silicon Valley (California)

Facebook:
datos, 11, 46, 109, 114, 127, 175, 184
demanda antimonopolio, 162
e Instagram, 161, 170
Fox News en, 152
investigación sobre, 161-162
Joel Kaplan, 157
publicación de Schifter, 137, 142
publicidad virtual, 75, 107, 124, 135, 148, 156, 161, 175, 180, 184
y el ánimo de lucro, 138, 157-158
y el comercio electrónico, 111
y el movimiento QAnon, 156
y la capitalización de mercado, 110
y la compra de startups, 135
y la financiación de bibliotecas, 170
y la interoperabilidad, 180
y la moderación de contenido, 163-164
y la política, 152, 154-158, 159-161
y las elecciones de 2016, 159
y los centros comerciales virtuales, 126, 130, 140, 157, 165, 168-169
y MAREA, 11
y Mark Zuckerberg, 107, 109, 157, 165, 176
y Sheryl Sandberg, 107
Fourcade, Marion, 121
Fox News, 152, 172
Freire, Paulo, 60
Fundación Científica Nacional (NSF):
e internet, 36, 102-103
y la Política de Uso Aceptable, 31
y la red troncal de NSFNET, 30-37, 38, 39, 85
y las universidades públicas, 30, 33
véase también Wolff, Stephen

Gates, Bill, 85, 94
Google:
como centro comercial virtual, 106, 126, 130, 140
fundación, 101
investigación sobre, 161-162
publicidad virtual, 75, 104-106, 107, 124, 135, 184
software, 184
tecnología de búsqueda, 103, 144-150, 154
valor de, 81, 135
y el capitalismo, 106
y el comercio virtual, 111, 135
y Google Fiber, 46
y la compra de startups, 107, 135

y la empresa matriz Alphabet, 110, 135
y la financiación de bibliotecas, 171
y la generación de datos, 103, 105-106, 124, 135
y la radicalización del Consejo de Ciudadanos Conservadores, 149
y las grandes cantidades de datos, 104-106, 109, 114, 127
y las plataformas, 16, 89
y los cables submarinos de fibra óptica, 46
Gore, Al, 36
Gruen, Victor, 99-100
Grunder, Tom, 39
Guattari, Félix, 155

Hanna, Thomas M., 66, 80
Healy, Kieran, 121

Iniciativa por un Internet Igualitario, 59-62
Inouye, Daniel, 37, 38

internet:
acceso a, 17, 27, 30, 37, 39, 42, 45, 46, 48-51, 57, 60, 66, 67, 74, 76, 77, 91, 138, 173-174
ARPANET como red de, 29, 35, 41, 92, 117, 126
aspecto social de, 92-93, 94, 100, 107-108
comprar y vender en, 85, 87, 94-95, 135
creación de, 14, 23-29, 30, 101-102, 116-117, 125
diferentes escalas de, 70, 179
generación de datos, 101-102, 105-106, 114, 120-121, 132, 139, 160, 169, 175-176
lengua común de, 26, 28, 30, 92, 122, 125, 187
privatización de, 15, 16, 31, 33-37, 39, 41, 43-46, 53, 61, 63, 71, 73, 79, 81, 86, 89-92, 97, 106, 111, 121, 130, 132, 134-136, 138, 146, 157, 159, 164, 170, 183, 185
propiedad pública o cooperativa de, 17-18, 57-62, 65, 67-68, 75, 85, 166, 174-176, 179
protocolo universal, 26, 29, 35, 102, 122, 125, 170, 183
red de Uber, 21-23
redes de áreas extensas (WAN), 128-130
regulación de, 14, 33-34, 38-39, 44, 157-158, 160-164
transmisión de los datos, 21-23, 27, 31, 42, 45, 56, 70, 116, 169
valores de los datos, 100, 105, 121, 132-133, 175
vigilancia estatal, 79, 80
y el ánimo de lucro, 13-18, 26, 43, 47, 49, 52, 53, 61, 64, 68, 101, 138, 157-158, 163, 185, 187
y el auge de los motores de búsqueda, 86, 147
y el contenido, 18, 163-165
y el correo electrónico, 16, 30, 32, 92-93, 170
y el ejército, 27, 28, 29, 92, 125-126, 187
y el internet de banda ancha, 17, 44-45, 47, 48-49, 51, 55, 57, 59, 63, 64-65, 66, 68, 71, 73
y el internet democrático, 17, 59, 63-64, 66, 71, 72, 73, 80-81, 166, 186
y el mercado dominado por internet, 39, 51, 63, 131, 133, 163-164
y el racismo, 18, 47, 145, 147-150, 164
y el *techlash*, 13, 15, 17, 160, 163

y la administración estadounidense, 15, 16, 24, 30, 34-36, 37-39, 42, 64-65, 74, 79-81, 125-126
y la burbuja de las puntocoms, 86, 89-92, 93, 95, 103, 106, 107, 111, 114, 118, 121, 133, 135
y la competencia entre proveedores, 75-79
y la conectividad, 13, 43, 46, 51, 57, 61, 74, 138
y la creación de startups, 89, 130-131, 134
y la desprivatización, 17, 67, 71, 73, 164, 165, 167, 179-180, 186, 187
y la financiación pública, 24-25, 31, 32, 35, 37, 38, 39, 58, 64-67, 73, 74, 170, 175, 186
y la gestión algorítmica, 126, 127, 129, 130, 132
y la infraestructura, 15, 16, 24, 32, 34, 41, 44, 45, 46, 47, 58, 60, 62, 65, 66, 76, 79, 99, 118-121, 138, 174
y la «inteligencia», 122-124, 129
y la nube, 116-121, 122, 123, 127, 129, 130, 132, 134, 139, 142, 174
y la organización, 17, 53, 60-62, 66, 73
y la política, 13, 14, 34, 44, 63-65, 70, 93, 149-158, 159, 181, 184, 187
y la venta de anuncios, 106-107, 109-110, 156
y la World Wide Web, 32, 86, 89, 93, 102
y las aplicaciones web, 115, 180-181
y las clases en línea, 49, 143
y las plataformas, 16, 81, 88, 97, 111, 138, 169, 174, 177, 186
y las redes de comunicación, 12, 23, 25, 43, 139, 180
y las redes de fibra en casa (FTTH), 56, 57, 58, 67
y las universidades, 67, 101, 121, 179
y los cables submarinos de fibra óptica, 11-12, 13, 16, 46, 72, 79, 124
y los centros comerciales, 97, 99
y los centros comerciales virtuales, 100, 106, 116, 120, 121, 124, 126, 132, 134, 138, 139, 142-144, 146, 147-150, 157, 159, 160, 162, 164, 165-169, 171, 174, 175, 177, 178, 180-181, 183
y los costes de consumo, 39, 46-47, 56-57, 61, 65, 66, 75-79
y los módems de línea conmutada, 39, 43, 44
y los proveedores de servicios de internet, 32, 33, 41-43, 44-47, 55, 56-58, 62, 65, 67-68, 74-77, 79, 86, 91, 108, 138
y los smartphones, 24, 48, 122, 124, 127, 130, 134, 139
y los trust de datos, 176
y Pets.com, 90, 95
y Yahoo!, 86, 102, 146, 184
véanse también Agencia de Proyectos de Investigación de Defensa Avanzados (DARPA); eBay; redes comunitarias; redes sociales; TCP/IP

Kahn, Robert, 28, 29, 36
Kalanick, Travis, 133
Kesan, Jay P., 30
Khan, Lina, 162

La era del capitalismo de vigilancia (Zuboff), 105
Ley de Comunicaciones de 1934, 43
Ley de Comunicaciones y Computa-

ción de Alto Rendimiento de 1991, 36
Ley de Decencia en las Comunicaciones de 1996, 108
Ley de Telecomunicaciones de 1996, 43

MAREA, 11-12, 13, 16
Marx, Karl, 52, 91
Microsoft, 11, 45-46, 48, 85, 94
muerte de Danton, La (Büchner), 72

Nakamura, Lisa, 145
neobrandeisianos, 161-163, 167, 180
Netflix, 45
Netscape, 85, 89
Noble, Safiya Umoja, 144, 145, 146, 147, 149, 171

Obama, Barack, 44, 45
Omidyar, Pierre, 85, 86-87, 93-97, 100, 103, 111, *véase también* eBay

Page, Larry, 101, 102, 104
Pinkham, Chris, 117-118, 119

Red de Investigación de Informática (CSNET), 38
redes comunitarias, 58-72, 75-76, 165, 179, 180, 186
redes sociales:
- comunidades autogobernadas, 187
- participación de los usuarios, 107, 151-156, 163
- y el ánimo de lucro, 171
- y el servidor Mastodon, 169, 170, 173, 180
- y Facebook, 107, 111, 152, 154, 168-169, 170, 180
- y la competencia entre empresas, 163-164
- y la descentralización, 169, 173, 176
- y la desinformación, 150, 152-153
- y la moderación de contenidos, 142, 154, 169, 173
- y la polarización, 150-155
- y la política, 150-158
- y la propaganda de derechas, 17, 149-152, 153-154, 156, 172, 173
- y las plataformas, 171
- y los centros comerciales virtuales, 107-109, 149-150, 155
- y los medios de comunicación públicos, 171-172, 173
- y los servidores cooperativos, 177
- y Twitter, 107, 152, 170, 176, 184
- y YouTube, 107, 154, 170
- *véase también* Facebook

Redes Tecnológicas (del GLC), 177-179, 180-181

Sandberg, Sheryl, 103, 107
Sanders, Bernie, 65, 66, 151
Schifter, Doug, 137, 139, 140, 142
Schrader, William, 33
Shah, Rajiv C., 30
Silicon Valley (California), 21, 85, 142
Snowden, Edward, 79
Starosielski, Nicole, 12

TCP/IP, 29, 35
Telefónica, 11
Thatcher, Margaret, 63, 178, 181
Tomlinson, Ray, 92
Travers, Virginia Strazisar, 102
Trump, Donald, 44, 159
Turing, Alan, 123

Uber:
- ausencia de beneficios, 131-133, 134
- gestión algorítmica de, 132, 139
- y el capital riesgo, 130-134, 139

y el trato a los conductores, 127, 139-141
y la economía bajo demanda, 127-128, 130, 132, 141
y la entidad metropolitana de transporte de Londres, 175
y la nube, 127, 130, 132, 139
y la política, 139
y las empresas gestionadas por los trabajadores, 176
y las grandes cantidades de datos, 127, 132, 135, 140
y las plataformas, 16
y los centros comerciales virtuales, 126, 130, 132, 140
véase también Schifter, Doug

Verizon, 41, 65, 75
Viljoen, Salomé, 175

Warren, Elizabeth, 65, 66
Wolff, Stephen, 33, 34

Zuckerberg, Mark, 107, 109, 157, 165, 171, 176
Zuckerman, Ethan, 168